大数据技术在高等教育中的应用研究

谭黔林　著

哈尔滨出版社
HARBIN PUBLISHING HOUSE

图书在版编目（CIP）数据

大数据技术在高等教育中的应用研究／谭黔林著.
哈尔滨：哈尔滨出版社，2024.8. -- ISBN 978-7-5484-
8111-9

Ⅰ. G64-39
中国国家版本馆 CIP 数据核字第 2024GE0098 号

书　　名：大数据技术在高等教育中的应用研究
DASHUJU JISHU ZAI GAODENG JIAOYU ZHONG DE YINGYONG YANJIU

作　　者：谭黔林　著
责任编辑：张艳鑫
封面设计：赵庆旸

出版发行：哈尔滨出版社（Harbin Publishing House）
社　　址：哈尔滨市香坊区泰山路 82-9 号　　邮编：150090
经　　销：全国新华书店
印　　刷：北京鑫益晖印刷有限公司
网　　址：www.hrbcbs.com
E - mail：hrbcbs@yeah.net
编辑版权热线：（0451）87900271　87900272
销售热线：（0451）87900202　87900203

开　　本：787mm×1092mm　1/16　印张：9　字数：210 千字
版　　次：2024 年 8 月第 1 版
印　　次：2024 年 8 月第 1 次印刷
书　　号：ISBN 978-7-5484-8111-9
定　　价：48.00 元

凡购本社图书发现印装错误，请与本社印制部联系调换。
服务热线：（0451）87900279

前　言

　　信息技术的迅猛发展正在重塑全球经济与世界格局，其在高等教育领域的渗透尤为显著。高校正积极拥抱物联网、云计算、大数据、移动互联网等前沿技术，以期构建智能校园，优化电子政务效能，提升教育质量与服务水平。

　　计算机技术的迭代升级催生了海量数据，教育大数据因此成为政府与教育部门关注的焦点。在高等教育中，教育大数据的应用潜力巨大，它不仅能够预测学习趋势、诊断教学瓶颈，还能实现个性化教学指导，从而显著提升教学成效。本书深入探讨了大数据技术如何引领教育革新，重点介绍了决策树、关联规则、人工神经网络等算法在高校管理和教学中的具体实践，同时分析了大数据背景下的教学模式转型、教学平台构建以及教育资源的精细化管理。

　　全书力图全面解析大数据技术与高等教育的深度融合，尤其关注大数据时代下高校教师能力的提升路径以及技术发展，旨在为大数据技术在高等教育领域的应用提供前瞻性的洞察与策略建议，服务于相关研究者与教育工作者。

　　从构思到成稿，本书经历了反复打磨，力求在结构设计、内容深度与逻辑连贯性方面达到高水准。尽管笔者倾尽全力，但仍可能存在疏漏与不足，恳请广大读者不吝赐教，以便后续版本得以持续改进与完善。笔者期待通过持续反馈与修正，本书成为更加成熟、有价值的参考资料。

目 录

第一章

大数据技术下的现代教育理论

第一节　大数据技术概述

一、大数据的基本概念及特征

大数据的概念超越了单纯的数据体量，它象征着一种新型的数据处理方式，旨在从庞杂的信息海洋中高效提炼出有价值的信息。面对指数级增长的数据量，传统的单机运算方法逐渐显露疲态，促使业界转向大数据技术，这是一种能从各类数据中迅速提取关键信息的能力体系。

在技术层面，大数据的实现依赖于分布式存储与并行计算的结合，具体表现为一系列分布式文件系统及运行其上的并行计算框架。这些软件组件分布在由物理或虚拟节点构成的集群上，共同形成了云计算的基石，为大数据的处理提供了必要的计算力与存储空间。

大数据的特征鲜明，主要体现在以下几个方面。

1. 超大规模

数据量级从个人计算机的 TB 级跃升至企业级的 EB 级，甚至更大。大数据集的规模通常介于数十 TB 至数 PB，涵盖广泛的数据来源，从社交网络到传感器数据，无孔不入。

2. 多样性

数据形态丰富，包括文档、图片、音视频、网页等多种格式，既有结构化数据也有半结构化和非结构化数据，后者占比日益增加。

3. 高速度

数据生成与传输速率极快，要求实时处理，这得益于高性能处理器和网络技术的普及，即时数据流的构建成为可能。

4. 低价值密度

虽然数据总量庞大，但真正有价值的信息比例很低，如何从海量数据中精准抽取有用信息成为一项重大挑战。

5. 存储挑战

异构性和规模性给存储带来压力，需要能够灵活扩展的存储系统来应对 PB 级数据的存储与检索需求。

6. 管理难度

庞大的数据量与复杂的数据结构对数据管理提出了前所未有的要求，传统 IT 架构难以胜任，促使行业探索如 MPP 架构、数据仓库、Hadoop 等新型解决方案，以适应大数据的存储与处理需求。

大数据不仅是数据量的膨胀，更是数据处理思维与技术的革命，它要求我们在数据存储、处理速度、价值挖掘与管理策略上不断创新，以适应这个信息爆炸的时代。

二、大数据技术的主体分类

(一) 大数据采集技术

大数据知识服务模型的核心在于整合来自多源渠道的庞大数据集，这些数据集涵盖了从 RFID 射频标识、各类传感器网络、社交平台到移动互联网的丰富信息。它们构成了结构化、半结构化（或称弱结构化）以及非结构化的数据海洋，是构建大数据生态的关键要素。

在数据采集层面，大数据技术体系可以细分为两个主要层次：智能感知层与基础支撑层。智能感知层聚焦于构建一个全面的数据传感网络，这包括但不限于数据传感机制、网络通信架构、传感设备适配系统、智能识别技术和软硬件资源的集成接入。这一层级的目标是实现对各种类型数据的自动化识别、位置追踪、连接管理、数据传输、信号转换、初步处理以及有效管控，其中，智能识别、感知、适配、传输和接入技术的突破是关键所在。

基础支撑层则侧重于提供稳定的大数据服务平台，确保虚拟服务器、各类数据库（覆盖结构化、半结构化、非结构化数据）以及物联网资源的可用性。在此基础上，重点研究领域涉及分布式虚拟存储技术，以支撑大数据的高效存储；开发用户友好的可视化接口，便于数据获取、存储、组织、分析和决策操作；优化网络传输与数据压缩技术，提升大数据的处理效率；同时，强化大数据隐私保护机制，保障信息安全。

大数据知识服务模型不仅依赖于先进感知技术和基础设施的搭建，还要求在数据处理、传输、安全防护等多方面进行技术创新，以充分挖掘大数据的潜在价值，推动知识服务向更高水平发展。

(二) 大数据预处理技术

在大数据处理流程中，对接收数据的初步处理至关重要，主要包括辨析、抽取和清洗三个关键环节。数据抽取阶段，鉴于原始数据可能源于多种不同的结构和类型，如结构化、半结构化或非结构化数据，这一过程致力于将这些复杂多样的数据转化成统一或易于处理的格式，以利于后续的快速分析和处理。数据清洗则专注于去除无效、不相关或错误的数据，这一过程对于剔除噪声、提高数据质量至关重要，确保最终分析结果的准确性和可靠性。简而言之，通过数据抽取和清洗，我们可以从原始数据集中提炼清晰、干净、有价值的信息，为数据分析和决策支持奠定坚实的基础。

（三）大数据存储及管理技术

大数据存储与管理涉及一套复杂的策略和技术，旨在有效地存储、组织和利用海量数据集。这一领域聚焦于解决复杂结构化、半结构化和非结构化数据的管理挑战，确保数据的可存储性、可表示性、可处理性、可靠性以及高效传输。核心研究与开发工作涵盖以下几个关键方面：

1. 可靠的大数据存储技术

这包括设计和实现高效的分布式文件系统（DFS），优化存储的能效，将计算能力融入存储设备，减少数据冗余，以及开发成本效益高的存储解决方案。

2. 非关系型大数据管理与处理

通过创新分布式非关系型数据库技术，实现异构数据的有效融合，采用先进的数据组织方法，研究大数据模型构建，以及开发高性能的大数据索引机制。

3. 数据移动、备份与复制

实现大数据在不同系统间高效、安全地移动，确保数据的完整备份，以及在多个位置之间同步数据。

4. 大数据可视化

开发直观的工具和技术，帮助用户理解和探索大规模数据集的模式和趋势。

5. 新型数据库技术

推进关系型数据库和非关系型数据库（NoSQL）的发展，后者包括键值存储、列式存储、图形数据库和文档数据库，以及数据库缓存系统的优化。

6. 大数据安全

强化数据销毁的安全性，实施透明的加密解密机制，提升分布式环境下的访问控制，加强数据审计功能，同时突破隐私保护、数据真实性验证，以及数据持有完整性的验证技术。

通过上述领域的持续创新，大数据存储与管理系统能够更好地适应不断增长的数据量和复杂性，为企业和社会带来更深入的洞察力和更高的运营效率。

（四）大数据分析技术

大数据分析技术致力于从海量数据集中提取有价值的信息和知识，其核心在于对现有数据挖掘和机器学习技术的优化，以及新兴数据挖掘技术的开发。这些技术覆盖了数据网络挖掘、特异群组挖掘、图挖掘等领域，旨在应对复杂数据结构和模式。此外，大数据融合技术如基于对象的数据连接和相似性连接，能够整合不同来源的数据，增强分析的全面性和深度。

分析任务根据目标可分为多个类别，包括但不限于：

分类与预测模型的构建，用于预测未来事件或分类未知实例。

数据总结，提炼数据集的关键特性。

聚类，自动分组相似数据点。

关联规则发现，揭示数据项之间的联系。

序列模式识别，检测数据流中的顺序模式。

依赖模型发现，理解变量间的相互作用。

异常检测，识别不符合常规的行为或模式。

趋势分析，跟踪数据随时间的变化。

大数据分析技术的挖掘对象跨越各种数据源，包括但不限于关系数据库、面向对象数据库、空间数据库、时态数据库、文本数据源、多媒体数据库、异质数据库、遗产数据库以及互联网资源。每种数据源的特性要求不同的处理和分析策略。

挖掘方法可以分为几大类：

机器学习：包括归纳学习（如决策树、规则归纳）、基于案例的学习、遗传算法等。

统计方法：涵盖回归分析、判别分析、聚类分析、探索性分析等。

神经网络：涉及前馈网络（如 BP 算法）、自组织网络（如自组织特征映射、竞争学习）。

数据库方法：主要关注多维数据分析、联机分析处理和面向属性的归纳方法。

这些技术协同工作，提供了一套强大的工具集，使分析师能够从各种角度和深度探索数据，揭示隐藏的见解，支持决策制定和业务优化。随着数据量的激增和计算能力的提升，大数据分析技术持续演进，成为推动现代商业智能和科学研究的关键力量。

三、大数据技术的社会价值

（一）大数据引领电子商务发展

可靠性数据作为大数据分析的基石，其潜在价值与能够被挖掘的程度成正比。大数据在经济领域的应用，其力量源于规模效应，因此企业必须培养对大数据的竞争意识，积极探求并放大大数据的商业价值，以提升产品品牌的市场忠诚度。在这一进程中，大数据在电子商务领域的应用尤为显著，它鼓励商家依托自身品牌，搭建网络互动平台，有效链接企业、员工与消费者，形成紧密的三角关系。通过即时处理平台上产生的数据反馈，并实施恰当高效的策略，企业能促进三方间的和谐共生。

大数据的社会属性在于它能够聚合消费者，形成具有共同特性的社群，使网络互动成为常态。大数据驱动的营销模式，基于数据的收集与分析，旨在探索定制化商品的创造与创新营销手法，直接刺激消费行为的发生。这种模式不仅提升了营销效率，还增强了消费者的参与感和满意度，为企业带来持续的竞争力。

以上观点强调了大数据在现代商业环境中的重要性和应用潜力，尤其是对电子商务行业而言，大数据已成为推动业务增长的关键因素。企业应当充分利用大数据资源，不断优化决策过程，以适应快速变化的市场环境，实现可持续发展。

（二）大数据催生新型媒体

媒体机构在坚守传统媒介优势的同时，应遵循渐进式发展原则，避免盲目跟风，具体可从三个维度推进：首先，构建坚实的大数据资产根基。当前，媒体的大数据资产主要通过原创内容的数字化以及历史资料的集成来累积，除了内部数据，与互联网平台合作，获取或交换用户数据，是扩展数据资源的有效途径，有助于打造丰富多元的媒体数据资源库。

其次，增强大数据处理效能。投资先进的数据处理设施，与科技公司协作，提升数据解析与应用水平；推行人才培养计划，锻造专业团队，构建智慧商业模式，研发新产品，优化运营策略，以适应市场趋势，从而放大媒体广告效益。

最后，利用大数据赋能新闻报道。深入掌握数据新闻学原理，剖析数据背后的故事，构建事件间的逻辑联系，借助可视化技术增进与受众的互动，全面提升媒体服务质量，确保报道既精准又引人入胜。

这一系列举措不仅巩固了媒体的传统强项，也开拓了新媒体时代下的竞争优势，实现了传统与现代的完美融合，为媒体行业的持续发展注入了强劲动力。

（三）大数据推动医疗事业创新

大数据在医疗新品研发中扮演着至关重要的角色，它通过降低研发成本、优化资源配置、提高产品安全性和有效性，以及缩短研发周期，为医疗行业带来了革命性的变化。企业可以利用数据模型来分析投入产出比，收集临床试验数据，从而预测新药的潜在表现，选择最有前景的药物进行开发。此外，大数据还能帮助医药企业通过媒体快速推广新药，以数据为支撑提升品牌知名度，赢得消费者信任。

在医疗服务模式创新方面，大数据提供了新的思路。它能够整合患者的临床数据和医疗保险信息，增强医疗服务提供方的决策能力，优化医疗行为。通过全球电子病历数据库的建立，医疗卫生机构能够实时监控疫情，采取有效措施，降低医疗成本，控制传染病的传播。同时，大数据的应用还能为公众提供及时、准确的健康咨询，提高公众的健康意识，促进社会整体健康水平的提升，为人们创造一个更健康、更美好的生活环境。

（四）大数据促进教育变革

大数据教育的先进性体现在其能够颠覆传统的数据收集与分析方法，带来更加精准、个性化和实时的教育体验。与传统数据相比，大数据不仅量级庞大，而且来源广泛，包括但不限于在线学习平台的互动记录、社交媒体上的学生讨论、智能设备的健康监测数据等。这种全面性使得教育者能够捕捉到学生学习过程中的微小变化，及时发现并解决潜在问题，确保每个学生都能得到最适合自己的教育方案。

构建大数据教育模式时，关键在于以下几个方面：

1. 学生综合评估

通过大数据技术，教育者可以超越单一的成绩衡量标准，转而采用多维度评价体系，如批判性思维、创造力、团队合作等。这有助于识别学生的强项与弱点，促进全面发展，避免过分依赖记忆而忽视了更高层次的认知技能培养。

2. 学习行为监测与分析

大数据可以连续追踪学生的学习路径，无论是课堂内的互动参与度，还是课后作业的完成情况，甚至是学生的情绪变化。这些信息的积累与分析有助于教师调整教学策略，优化课程设计，确保教学内容既符合学生的需求也激发他们的兴趣。

3. 家校沟通与协作

利用大数据平台，学校能够与家庭建立起更紧密的联系，共享学生的学习进展与表现。家长可以及时了解孩子在校的情况，同时向学校反馈家庭教育的动态，共同制定促进学生健康成长的策略。这种双向沟通机制增强了教育的透明度和参与感，营造出支持性更强的学习氛围。

大数据教育模式的核心价值在于其能够提供深度洞察，支持教育决策，实现个性化教学，增强家校合作，最终推动教育公平与教学质量的提升。随着技术的不断进步，大数据将在教育领域发挥越来越重要的作用，成为促进学生全面发展的重要推手。

四、大数据技术的应用领域与方向

大数据的影响力已深深渗透至社会的各个层面，从个人生活品质的提升到全球商业战略的革新，其作用无处不在。首先，通过深入挖掘消费者行为模式，大数据助力企业精准洞察客户需求，定制个性化产品和服务，从而增强顾客满意度和忠诚度。此外，企业内部的业务流程亦因大数据而变得更加高效，无论是供应链管理、物流优化，还是人力资源配置，都能在数据驱动下实现成本节约和效能提升。

大数据对个人健康的关注同样引人注目，智能穿戴设备收集的生命体征数据，为个人健康管理提供了科学依据，而医疗领域则借由大数据的力量加速疾病诊断和治疗方案的创新，甚至能预测疾病趋势，为公共卫生策略提供支持。体育竞技中，大数据分析正逐步改变运动员的训练方式和比赛策略，精细化的数据解读让运动员的表现更上一层楼。

在技术领域，大数据促进了自动化和智能化的发展，从自动驾驶汽车到智能家居，设备的性能和用户体验得到了显著改善。安全与执法方面，大数据的应用加强了网络安全防护，提升了犯罪侦测效率，同时也助力金融机构防范欺诈行为，保护消费者权益。

智慧城市概念兴起，大数据在其中扮演了核心角色，通过整合交通、气象、能源等多源数据，实现了资源的合理分配和公共服务的优化。在金融市场，大数据算法正引领着交易的新纪元，高频交易策略的实施，使得投资决策更加精准快速，社交媒体和新闻动态的实时分析，进一步丰富了市场分析的维度。

大数据的广泛应用正深刻改变着我们的生活方式、工作模式乃至社会治理结构，它不仅是科技进步的标志，更是推动社会向前发展的强大动力。随着技术的不断演进，大数据的潜力将持续释放，催生更多创新应用，为人类社会创造无限可能。

第二节　大数据技术与教育的联系

一、大数据技术对教育的驱动作用

（一）驱动教学模式重塑

传统教学模式，作为工业化时代的产物，遵循"教师、教材、课堂"的"三中心"原则，侧重于规模化、标准化的知识传授，有效支撑了工业社会对大量具备特定知识与技能的人才的需求。然而，这种模式在强调教师主导和知识单向传输的同时，往往忽视了学生的个性化需求与创新能力的培养。

随着信息技术尤其是大数据的迅猛发展，教育领域迎来了个性化教学的新纪元。大数据分析能够深度挖掘师生互动、学习成效及偏好等多元信息，为每位学生量身定制学习路径，确保教育内容与服务的精准推送，使因材施教成为可能。这一转型不仅提升了教学效果，更为培养适应信息化时代要求的个性化、创新型人才奠定了基础。

以美国奥斯汀佩伊州立大学为例，该校面对多样化的学生群体，引入了"学位罗盘"个性化课程推荐系统。该系统运用学习分析技术，综合考量学生的过往成绩、兴趣点及职业规划，预测其在不同课程中的潜在表现，进而指导学生作出更贴合个人发展目标的选课决策，显著增强了学习的针对性与有效性，助力学生学业成就的全面提升。

大数据在教育领域的应用，正逐步打破传统模式的局限，开启了一扇通往更加灵活、个性化教育的大门，预示着教育体系向更加人性化、高效的方向迈进。

（二）驱动评价体系重构

教育评价体系的革新，是提升教学质量的关键环节。以往，评价标准过度聚焦于学生的考试分数，而对学生全面素质、个人潜能以及成长轨迹的关注度不足，未能充分反映学生的真实进步与努力程度，也缺乏有效的诊断与改进机制。然而，大数据的融入正在重塑教育评价的维度与方式，使之更加丰富多元且具有针对性。

如今，教育评价的内容已超越单纯的成绩考量，扩展至学生的身心健康、学术进步、个性特长及学习体验等多个层面。评价理念由单一的知识考核转向涵盖知识、技能与素养的综合评估，评价方法也从终结性的静态测试转变为持续性的动态监测。借助大数据分析，教育者能从学生的日常学习行为、表现及习惯中捕捉更多信息，形成对学生学习历程的全方位洞察。

随着云端学习平台与智能终端设备的普及，实时收集学生的学习数据变得轻而易举。对这些数据进行深入分析，不仅能够促进学生自我认知与自主发展，还能辅助教师进行教学策略的优化，同时为学校整体教学质量的提升提供数据驱动的决策依据。例如，美国田纳西州运用的增值评价系统，通过量化学生学业增长，科学评估教育机构与教育工作者的表现，实现了从传统评价到价值导向评价的转变，确保教育资源的合理配置与教育目标的有效达成。

大数据驱动的教育评价体系，正引领教育领域迈向一个更加个性化、精准化与科学化的未来，为培养全面发展的人才提供了强有力的支持。

（三）驱动研究范式转型

教育科学的探索与实践，旨在提炼教育规律，指导教学改革与发展。传统教育研究中，质性分析占据主导，量化研究相对稀缺，理论探讨多于实证检验。尽管尝试运用观察、调查及统计等实证手段，但由于技术条件限制，研究往往局限于抽样样本，且反馈周期长，难以及时响应教育实践的迫切需求。

迈入大数据时代，教育数据的分析步入新阶段，不仅聚焦于相关性探索，更致力于因果关系的确立。大数据分析技术能深入挖掘教育现象背后的复杂关联，及时揭示教育系统中存在的问题，为现状评估与趋势预测提供前所未有的精准视角。相较于传统研究框架，大数据分析能够更精确地把握教育实况，前瞻未来走向。

以美国麻省理工学院与哈佛大学学者的合作为例，他们对大规模开放在线课程（MOOC）中教学视频的操作数据进行了细致分析，揭示了学习者行为的普遍模式，并探究了这些模式与视频内容展示方式之间的联系。基于此，研究者能够提出有针对性的改进建议，优化教学材料的设计与展现，以提升学习效果，这一过程充分体现了大数据分析在教育实践中的巨大价值。

总而言之，大数据的引入为教育科研带来了革命性变化，其强大的数据处理能力与分析深度，正逐渐消除传统教育研究的局限，推动教育决策与实践向着更加科学化、精细化的方向迈进。

（四）驱动教育决策创新

数据挖掘技术的飞速发展正引领教育决策进入一个全新的时代，决策模式从依赖少量案例分析转向依托全面数据支撑，标志着教育决策从直觉经验与粗放管理向精细化与智能化治理的深刻转变。在这一进程中，教育大数据的全面收集、精确分析与有效利用成为推动决策创新的关键力量。

美国国家教育统计中心的成功实践便是有力例证。通过集成大数据技术，该中心打造了学生学习分析系统，这一系统能够深度解析来自全国各类学校的学生学习行为、学业表现、招生规划、家庭背景等海量数据。基于这些详尽的数据分析结果，美国联邦政府及各州教育部门得以科学评估教育发展现状，精准调配教育资源，制定并推进教育改革政策，确保教育公平与质量的持续提升。

大数据分析技术的应用，不仅提高了教育决策的精准度与效率，还促进了教育体系的透明度与问责制的健全，为教育政策的制定提供了坚实的实证基础，确保了教育投入与产出的最优化，从而推动整个教育生态向着更加公平、高效与创新的方向发展。

（五）驱动教育管理变革

当前，在学校和教育机构中，教育管理者由于无法及时掌握教学与管理综合情况，因此难以对教育系统进行动态监管。随着大数据时代的到来，对教育大数据进行深入挖掘和分析，将数据分析的结果融入学校的日常管理与服务之中，是为师生提供精细化与智能化服务的基础。

二、大数据技术对教育领域的影响

（一）革新教育理念和教育思维

大数据时代的到来正引领教育领域经历一场深刻的变革，其影响触及教育理念与思维方式的核心。在这个新时代，教育的每一个边界都被数据包围，从学生和教师的日常互动，到校园内的各种活动，无一例外地转化为可供分析的信息流。随着学生使用计算机终端进行学习，包括在线课程、电子阅读、笔记记录、作业提交、社交媒体交流、实验操作、团队协作等，每一步都成为教育大数据的源泉。

相较于传统数据，教育大数据蕴含着更为深远的意义与价值，它不仅数量庞大，而且类型多样、更新迅速。这标志着教育将不再仅仅依靠抽象的理念与个人经验来指导，而是步入了一个以数据为基石的实证科学阶段。大数据的分析能力使教育者能够客观地洞察教学实效、学习习惯与评估机制，确保教育决策的科学性和针对性。

在大数据的助力下，教育者的思维方式发生了根本转变。以往，教育策略的制定往往依赖于教育者自身的经验和直觉，然而，这些经验有时缺乏严谨的科学依据，可能导致偏差或误判。如今，通过对教育数据的深度挖掘，教育者可以揭示隐藏在数据背后的教学规律与学生需求，基于这些洞见，能够制定更加精准的教育政策和教学计划，确保教育活动与学生实际情况相契合，从而提升教育质量和效率。

总之，大数据的融入使教育领域焕发新生，它不仅改变了教育者对教学现象的理解，还为教育决策提供了强有力的实证支持，促使教育实践向着更加科学、高效和个性化的目标迈进。

（二）实现个性化教育

大数据的兴起为教育个性化开辟了一条崭新的道路，实现了从面向群体的教育模式向针对个体的教育方式的转变。借助大数据分析技术，教育者现在有能力捕捉并理解每个学生的独特学习轨迹，包括他们何时开始阅读，对哪部分内容表现出兴趣，面对难题时的反应，以及在不同学科中参与度的差异等。这些数据在学习过程中自然而然地生成，涵盖了课堂教学、作业完成，以及学生之间的互动等各个方面，它们是对学习瞬间的忠实记录。

数据的收集过程几乎对学生没有干扰，仅需借助现代观测技术和设备即可实现，这意味着所获取的数据反映了学生最真实的自我。教师可以利用这些详尽的个体化数据，深入洞察每位学生的学习风格、偏好及挑战，进而实施定制化的教学策略。例如，教师可以根据学生对基础知识的掌握情况，或是对实践技能的感兴趣程度，调整教学内容，为学生量身打造学习路径。

此外，大数据还能在学生自主学习时发挥作用，通过分析作业完成情况，系统能识别出学生对特定类型题目的熟练程度。对于那些已熟练掌握的内容，系统可以自动筛选，避免重复练习，而对于难点，则通过提供更多练习机会来加强理解和记忆。这种方法不仅提升了学习效率，减少了无效劳动，同时也让学生将精力集中于亟待提高的领域，有效减轻了学业负担。

总而言之，大数据的引入让教育者能够以前所未有的精细度了解学生，使个性化教学成为可能。它不仅增强了教学的针对性，还优化了学习体验，帮助学生在自己独特的学习旅程中取得进步。

（三）重构教学评价方式

在教育评估领域，大数据的应用正引领着一场深刻的变革，它将传统的经验主义评价模式转变为基于实证数据的科学分析。通过挖掘和解析海量教学相关数据，教育工作者能够揭示教学活动背后的潜在模式，进而优化和创新教学方法。在线学习平台作为这一趋势的前沿阵地，不仅记录学习者的行为轨迹，还具备引导学习进程的能力。

通过对学习者鼠标点击、页面停留时间等细节的追踪，教育技术能够描绘出学生与知识交互的动态图景。这种深度分析能够揭示个体在面对特定知识点时的独特反应，比如哪些概念需要额外的解释，哪些技能需要反复练习，以及哪些主题激发了学生最大的兴趣。这些洞察直接关联学习成效，帮助教师精准定位教学中的薄弱环节，采取有针对性的措施。

更重要的是，大数据分析能够触及学生的思想情感层面，通过持续监测和分析学生的情绪变化与行为模式，教育者可以及时发现并培养学生的个人优势，同时引导他们克服潜在的劣势，改正不良习惯。这种全面而细致的了解，促进了从单一的结果导向评价向综合过程评价的转变。

以网络学习平台和数字化教材为例，它们能够无缝记录学生的作业提交情况、课堂参与度、师生对话内容以及同伴间合作交流的细节。到了学期末，这些积累的数据为教师提供了丰富的分析材料，有助于构建学生个性化的成长档案，为未来的学业规划提供建议。同时，教师也能通过回顾这些数据，反思自身的教学策略，不断调整和改进教学设计，确保教育过程更贴合学生的需求，从而推动教学质量的整体提升。

（四）加强学校的数据管理

大数据在校园管理中的应用，正日益彰显其无与伦比的价值，推动着学校治理体系向精细化、智能化的方向迈进。教育机构作为知识的殿堂，不仅承载着培养专业人才的使命，更是学术交流与创新的中心，每日上演着纷繁复杂的教学、科研与管理活动，这些活动构成了一个庞大且多元的信息生态系统。无论是界定教育目标、编制课程大纲、调度教学资源、监控教学质量、开展绩效评估，还是涉及师资队伍与学生事务的管理，每一项决策与执行都深植于数据的土壤之中，不断地吸收、产生并反馈着信息。

大数据技术的介入，犹如一把钥匙，解锁了学校信息宝库的无限潜力。它赋能管理者以全局视角，对教务、行政、科研、人力资源、财务乃至后勤保障等各个维度进行系统整合与优化，确保每一项业务流程都能达到最佳效能。通过构建多源数据模型，同一管理对象可从不同角度、多个数据入口进行全方位记录，这些数据互为佐证，编织成一张密实的数据网，为决策者提供立体视角下的洞察力。

尤其在网络安全领域，大数据分析如同一双锐利的眼睛，穿透复杂的信息网络，捕捉异常行为的蛛丝马迹。通过对学校网络日志的数据进行深入挖掘，安全团队能够迅速定位潜在的安全威胁，无论是病毒入侵、漏洞攻击还是内部违规操作，都能被及时发现并有效应对。这不仅增强了学校的防御机制，更为构建一个健康、稳定的网络环境奠定了坚实的基础，确保学术活动与日常运营免受干扰。

大数据不仅革新了学校管理的传统范式，更成为驱动校园智慧化转型的核心引擎，为教育领域的可持续发展注入了源源不断的动力。

第三节　大数据技术下的教育系统环境

一、教育数据挖掘与学习分析

教育数据挖掘是一个将来自各教育系统的原始数据转换为有用信息的过程，这些有用信息可为教师、学生、家长、教育研究人员以及教育软件系统开发人员所利用。传统教育数据挖掘的多是结构化、单一对象的小数据集，其挖掘更侧重根据先验知识预先建立人工模型，然后依据既定模型进行分析。对于非结构化、多源异构的教育大数据集的分析，往往缺乏先验知识，很难建立显式的数学模型，这就需要发展更加立体化、全息高维的数据挖掘方法与技术。

学习分析是指通过测量、收集、分析、汇报学习者和他们所处环境的数据，理解和优化学习以及学习发生的环境。学习分析和教育数据挖掘密切相关，应用的分析方法也较为相似。学习分析领域常用的分析方法包括网络分析法、话语分析法和内容分析法。近年来，越来越多的研究者开始应用滞后序列分析法来识别各种在线学习行为模式。除了教育数据挖掘与学习分析，如何利用数据可视化技术让复杂的分析结果以更加直观、易于理解的方式呈现给用户，也是教育大数据发展过程中亟须解决的重要问题。

二、教育大数据的重要性

为了顺应大数据时代对教育现代化的推动作用，涉及教育理念革新、管理模式升级与组织架构调整的全方位变革势在必行。将教育大数据确立为国家教育现代化战略的核心技术支柱，不仅需要明确界定教育行政机构、教育实体、大数据企业和相关方的权利与义务，还需从人力资源、财政支持及政策导向等层面提供全面支撑。制定涵盖数据标准化、共享机制、管理流程、存储方案、安全保障及应用准则的综合性框架，旨在促进教育大数据产业的规范化与可持续发展。

鉴于教育大数据作为国家教育财富的巨大潜力，尤其是中国作为教育大国，数据规模与价值无与伦比，出台专门的教育大数据管理办法并设立专业治理机构迫在眉睫。该机构将承担立法执行、标准设定、技术支持、安全监管与产业引导等职责，致力于构建开放而安全的数据生态环境，促进数据资源的高效利用与产业协同。

教育大数据的核心价值在于整合海量信息，实现深度分析与创新应用。因此，克服信息孤岛现象，建立跨部门、跨层级的数据共享平台是当务之急。尽管数据共享面临挑战，但通过搭建统一的数据收集、存储与分析的公共服务平台，可以逐步打破信息壁垒，加速数据资源的流通与价值释放，这是一项长期且艰巨的任务，需要政府与社会的共同投入与耐心等待。

人才短缺是大数据领域普遍存在的瓶颈。当前，高等教育机构正积极响应市场需求，通过校企合作等方式培养大数据专业人才，未来人才供需矛盾将逐渐缓解。在此基础上，构建包含基础设施供应、数据采集、挖掘分析、应用服务、数据存储及安全保障等环节的完整产业链，对于推动教育大数据生态的成熟与繁荣至关重要。这不仅能够确保教育大数据的持续发展，还能够激发教育创新，提升教育质量，最终服务于社会的整体进步。

三、教育大数据的应用服务

教育数据应用服务是将教育数据分析的结果用于改善不同的教育业务，最终服务教育的整体改革与发展。当前教育数据应用服务主要聚焦在精准教学、科学管理、全面而有个性地发展评价、个性化服务以及基于全样本的科学研究等五个方面，服务对象主要包括教师、学生、家长、教育管理者和社会公众五类用户。

通过对教育大数据的分析，可以辅助教师更好地调整和改进教学策略，重构教学计划，完善课程的设计与开发；向学生推荐个性化的学习资源、学习任务、学习活动和学习路径；帮助家长更加全面、真实地认识孩子，与学校一起促进孩子的个性化成长；帮助教育管理者制定更科学的管理决策；帮助社会公众把握教育的发展现状，享受更具针对性、更适合自己的终身学习服务。

（一）学习者模型的建立

实现个性化学习的关键是发现学习者在学习中的个体差异，并提供适应个体需要的学习方式。发现学习者的个体差异，在计算机辅助教学中就是要建立学习者的学习模型，并在此基础上建立相应的教学模型。在网络教学中，可以通过网络交互技术记录学习者的学习信息，并将收集到的学习信息作为学习者的个人学习档案保存下来，作为为学习者提供学习帮助和学习策略的依据。

（二）学习过程的智能化控制

苏联教育家巴班斯基提出的"教学过程最优化理论"强调将社会需求、师生特性、教学环境与条件以及教学原则综合考量，以设计并实施最优教学方案，追求理想的教学成果。在网络教学环境中，鉴于学习者通常独立学习且与教师沟通受限，实现教学过程的优化面临新挑战。然而，通过增强网络教学平台的管理功能，利用技术手段自动监控和分析学习者的行为，可以有效弥补这一不足。

具体而言，学习者在与数字化教学资源互动时产生的数据，如登录频率、作业提交时间、在线讨论参与度等，均可被系统捕捉并记录。这些数据经过分析，能揭示学习者的习惯、偏好以及可能遇到的难点。教学系统据此将学习进度和表现向学习者本人反馈，促使他们自我反思并适时调整学习策略，实现自主学习的优化。同时，分析结果也为教师提供了个性化的教学指导依据，使其能够针对不同学生的特点和需要，实施更为精准的教学干预。

因此，网络教学中的学习过程控制并非无解，而是可以通过技术赋能，让教学管理系统扮演智能导师的角色，既协助学习者自我调控，也辅助教师进行差异化教学，共同推动教学过程的最优化。

（三）完善的学习评价与快捷的信息反馈

学习的核心目标在于全面提升学习者的各项能力，包括认知、技能和情感等方面。鉴于每位学习者的基础、兴趣及学习速度存在差异，达成学习目标的效果自然各异。为了确保教育的有效性，个性化学习评价与策略建议变得尤为重要。评价不应仅局限于学期或年度末的总结性评估，而是应当贯穿整个学习过程，成为持续性的反馈机制。

传统教学中，成绩往往被视为衡量学习成效的主要指标，依赖于作业和考试的评分。然而，这种方式忽略了个体间的差异，且反馈周期较长，不利于即时调整学习路径。相比之下，网络教学平台借助先进的技术，能够为个性化教学提供有力支撑。通过实时监测学习者的活动，系统能够收集详尽的学习行为数据，包括但不限于课程访问频次、作业完成质量、在线互动参与度等。

基于这些数据，网络教学系统不仅能够即时响应学习者的需求，提供有针对性的练习和测试，还能迅速反馈测试结果，帮助学习者即时认识到自己的优势与不足。这种即时性和个性化的特点，使学习者能够在第一时间获得有关自身学习状况的准确信息，进而调整学习策略，提升学习效率。同时，教师也能依据系统分析报告，实施更加精准的教学干预，确保每位学习者都获得最适合其发展的教育资源和支持。

（四）个性化的学习指导和帮助

鉴于学习者在知识基础、认知水平、个人偏好及内在驱动力上的独特性，他们所采纳的学习方法自然呈现出多样性。鉴于许多学习者尚未完全掌握自我调控学习的艺术，尤其在辨识哪些策略最适合自己时往往感到迷茫，故而亟需外界提供策略选择的指导与支持。唯有通过量身定制的学习策略，方能激发学习效能，确保教育体验贴合个人需求，从而推动个性化学习的真正实现。

个性化学习策略的制定，旨在强化学习者的优势，弥补其短板，同时激发其学习热情。这要求教育者深入理解每位学生的特点，从多元角度设计教学方案，包括但不限于内容的呈现方式、互动模式以及评估标准。通过灵活运用诸如协作学习、项目式学习、翻转课堂等创新教学法，教育者可促进学习者主动探索，培养批判性思维与问题解决能力，最终实现知识的深度理解和应用。

同时，利用现代技术手段，如智能推荐系统和数据分析，可进一步细化学习路径，确保学习资源与学习者的需求高度匹配。技术不仅能够追踪学习进度，识别学习难点，还能提供即时反馈，鼓励自我反思，帮助学习者逐步建立起自主学习的习惯与能力。如此，每位学习者皆能在适合自己的节奏和方式下成长，最大化学习成果，走向成功的学术与职业生涯。

（五）个性化学习与协作学习的结合

个性化学习与因材施教的理念，虽以个别学习为基石，但并不意味着学习过程是孤立的。事实上，协作学习作为补充与延伸，对于深化理解、促进创新思维及培养社会技能至关重要。网络技术的迅猛发展，特别是其便捷的通信功能，为线上协作学习创造了前所未有的机遇，不仅提供了多样化的互动平台，还极大地丰富了交流的维度。

实时视频会议、电子邮件、论坛（BBS）、网络会议（Netmeeting）、共享白板等工具，共同构成了网络协作学习的生态体系。这些平台允许学习者跨越地理界限，即时分享想法、讨论课题、协作解决问题，营造气氛活跃的虚拟学习社区。实时视频交互拉近了远程参与者之间的距离，使面对面的讨论成为可能；电子邮件和 BBS 则提供了异步交流的渠道，便于深入思考后的回复；Netmeeting 和共享白板支持实时协作编辑文档，提高团队创作的效率。

随着技术的不断迭代，未来网络学习空间将更加多元化，包括虚拟现实（VR）、增强现实（AR）、人工智能聊天机器人等新兴技术的应用，将进一步拓展协作学习的边界，创造出更加沉浸式、互动性更强的学习体验。这些技术不仅能够模拟真实世界的协作场景，还能个性化地适应每位学习者的学习风格，提供定制化的学习材料与挑战，推动个性化学习与协作学习的深度融合，为教育创新开辟新的路径。

四、教育大数据的重要载体：自适应学习系统

（一）自适应学习

自适应学习代表了一种以学习者为中心的教育模式，它突破了传统教学中教师主导、内容固定、进度统一的局限。在自适应学习框架下，学习者不再是知识的被动接收者，而是主动探索者，他们根据自己的认知水平、兴趣偏好和学习节奏，自主选择学习材料，决定学习路径。这一模式的核心在于其动态性和个性化，能够实时响应学习者的需求和进展，通过智能算法调整学习内容的难度、类型和深度，确保每位学习者都能获得最适合自己的学习体验。

与传统教育相比，自适应学习强调学习者的主体地位，鼓励批判性思考和实践操作，使学习过程更加贴近个体的实际需求和发展目标。它不仅能够激发学习者的好奇心和求知欲，还能培养其自主学习的能力，促进深度学习和长期记忆的形成。更重要的是，自适应学习能够识别和弥补学习者在知识掌握上的差距，减少学习过程中的挫败感，增强学习自信，从而提高学习效率和成效。

总而言之，自适应学习通过赋予学习者更大的控制权和灵活性，实现了教育的个

性化与差异化，有效克服了传统教育中一刀切的问题，为每位学习者提供了量身定制的成长蓝图，是教育领域向更加人性化、高效化方向发展的显著标志。

（二）自适应学习系统

1. 自适应学习系统的优势

近年来，网络技术的迅猛发展推动了远程教育的普及，催生了各式各样的在线教育平台。然而，实践中暴露出一系列挑战，包括教师难以监控学生自学进度，学生容易受到网络娱乐内容的干扰，以及在线资源缺乏吸引力等问题，尤其是对于自制力较差的学生，完成学习任务变得尤为艰难。这些困境导致网络学习往往流于表面，难以激发学习者的主动性和创造性，也不利于知识的深度建构，甚至可能助长学习惰性。

究其原因，现有的在线教育平台往往忽视了学习者个体差异的重要性，未能提供与学生认知水平、学习风格相匹配的个性化资源。所有学生面对相同的学习材料和活动，这种一刀切的做法显然不符合教育的基本原则。因此，构建一个能够提供个性化服务的教育系统，成为网络教学中亟待解决的关键问题。

理想的自适应学习系统正是为解决上述挑战而设计的。它不仅能够为每位学生提供高质量、个性化的教育资源，还能根据学生的学习背景、认知水平、偏好和风格，动态调整学习路径和内容。通过模拟和分析学习者的行为，系统能够识别每位学生的独特需求，提供定制化的学习建议，从而确保学习体验既富有挑战性又能激发兴趣。

这样的系统不仅能够提升学习效率，还能培养学生的自主学习能力和创新精神，促进深度学习的发生。在与系统的互动中，学生能够感受到个性化关怀，进而提高学习的积极性和主动性，实现真正的知识建构。自适应学习系统是教育技术的前沿探索，它代表了未来教育的一个重要方向，旨在通过技术的力量，让教育更加人性化、高效和包容。

2. 自适应学习系统的功能

自适应学习系统的核心理念在于利用技术手段，通过对学习者在自主学习过程中与系统互动的数据的深度分析，构建个性化学习者模型，从而解决传统教育中普遍存在的"一刀切"问题。该系统能够根据每位学生独特的知识结构、背景经历、学习动机和偏好，动态调整学习内容和教学策略，确保学习材料与学生当前的认知水平和兴趣点相匹配。

在内容层面上，自适应学习系统能够智能识别学生已掌握的知识点，补充缺失的概念或技能，同时过滤掉学生已经熟悉的信息，避免重复学习，提高学习效率。在文化层面，系统尊重每位学习者的个体差异，考虑其不同的文化背景、学习风格和动机，量身定制教学内容和活动，促进跨文化交流和理解，激发学习兴趣。至于连通性，系统设计保证了学习内容之间的有机联系，通过引导学生在不同知识点间建立关联，加深理解，同时，系统内置的导航机制帮助学生根据自身进度和兴趣，自由探索学习路径，实现知识的系统化构建。

自适应学习系统的关键在于将学习者置于教育过程的核心位置，赋予其学习的主动权，通过智能化的反馈和调整机制，满足个性化学习需求，从而颠覆传统的被动灌输式教育模式，使学习者能够以更加积极主动的态度参与到知识的探索与构建中，最终实现高效、有意义的学习。这种以学生为中心的教育理念，不仅提高了学习的针对性和有效性，还培养了学生终身学习的能力，为教育现代化提供了有力的技术支持。

3. 自适应学习系统的参考模型

参考模型在自适应学习系统的设计与开发中扮演着至关重要的角色，它充当了一个概念性的蓝图，明确了系统的核心目标、设计理念以及各个组成部分的功能与交互方式。参考模型通过定义一套通用的标准和框架，为系统架构的构建提供了指引，确保了系统内部组件的协调一致，同时也降低了整体复杂性，便于开发者理解和维护。

在自适应学习系统的语境下，参考模型着重于系统层面的考量，包括但不限于学习者模型的构建、教学策略的自适应调整、内容的个性化推送、学习路径的动态规划等关键环节。它不仅描述了各模块的基本功能，还阐述了它们之间的信息交换机制、如何根据学习者的行为数据和反馈实时调整治学策略，以达到优化学习体验的目的。

此外，参考模型还为不同自适应学习系统之间的对比与交流建立了共同语言，使得教育技术研究者和开发者能够基于相同的参照系进行创新与优化，促进了跨学科、跨平台的对话与合作。通过遵循参考模型的指导原则，自适应学习系统能够更好地适应多样化的学习需求，提升教育质量，推动教育科技领域的持续进步。

（三）基于自适应学习系统的个性化学习环境构建

构建一个以学生为中心的个性化学习环境，关键在于确保学生能够根据个人兴趣、认知风格和学习水平自主选择学习内容与策略。这不仅要求学生具备自我调节学习的能力，还依赖于教育平台的交互性与智能性，以便提供及时的反馈与个性化服务。在这一框架下，自适应学习系统的参考模型成为核心，它通过学生模型、领域模型与自适应引擎的相互作用，实现学习资源的动态调整，满足不同学生的需求。

课程资源作为学习活动的基础，必须精心设计，既激发学生兴趣，又覆盖全面的知识点。教师需上传分等级的资源，系统根据学生表现调整难度，确保每位学生都能在适合自己的水平上学习。资源类型包括讲解视频、课件、测试题、作业及扩展知识，旨在全面支持学生的学习需求。

学生学习过程记录是个性化学习的关键，它不仅帮助学生设定目标，还通过实时导航支持解决学习中的问题，同时记录在线学习时间、作业完成情况、互动参与度等数据，为后续分析提供依据。

数据统计与分析通过记录学习时间、作业提交、测试结果及互动情况，帮助教师了解学生的学习行为，识别学习偏好与难点，为个性化指导奠定基础。

动态更新学习内容是根据学生测试结果自动调整难度，确保学习挑战与学生能力相匹配，同时，通过分析视频观看数据，教师可以优化资源，以适应不同学习水平的学生。

个性化指导则基于系统记录的数据，教师能够有针对性地分析学生的学习状况，对学习时间短、频率低、测试错误率高的学生提供及时的提醒、辅导与个性化帮助，确保每位学生都能得到适当的支持，促进其全面发展。

总之，个性化学习环境的构建是一个系统工程，它融合了学生自主性、平台智能性与教师指导性，旨在创造一个动态、互动且高度个性化的学习空间，让每位学生都能在最适合自己的路径上取得最佳学习成果。

第四节　大数据技术对现代教育系统的意义与影响

一、大数据技术下的高校图书馆发展

（一）大数据引发的高校图书馆建设思考

高校图书馆在数字化时代面临着前所未有的机遇与挑战，大数据的出现为图书馆的转型与升级提供了新的视角与工具。随着信息化建设的加速，图书馆积累了海量的数字资源，包括电子书、期刊、数据库以及网络资源，加之移动终端的普及，读者可以随时随地访问知识，这导致用户数据量激增。面对这一状况，高校图书馆应当聚焦于分析与挖掘用户借阅历史、搜索记录、社交互动以及移动设备使用等半结构化数据，因为这些数据中蕴含着对用户行为的深刻洞察，对图书馆优化服务流程、提升服务效率以及提供个性化服务具有重大价值。

然而，新信息技术的快速发展，如在线数据库、网络书店及免费电子资源的泛滥，给传统图书馆带来了严峻挑战，导致读者流失现象加剧。在这种背景下，大数据分析成为高校图书馆应对挑战、留住读者的利器。通过深度分析读者需求数据，图书馆能够掌握读者的信息消费习惯、知识需求以及潜在服务诉求，从而精准定位服务方向，创新服务模式，吸引并保留读者，同时激发图书馆服务的持续拓展与优化。

大数据应用的核心在于服务高校师生，满足其科研与学习需求。图书馆需利用大数据技术与思维，深度挖掘数据中的潜在价值，为师生提供更加智能、高效的服务，以提升学校整体的科研与教学水平。具体而言，图书馆可以分析师生的使用痕迹与行为日志，了解其阅读偏好与科研趋势，进而提供定制化的信息资源与服务。高校图书馆在应用大数据方面具备天然优势，作为科研与教育的前沿阵地，其对新技术的接纳与应用能力较强，加之大数据技术本身已相当成熟，图书馆应抓住这一机遇，创新服务模式，实现长远发展。

然而，在应用大数据技术的同时，图书馆必须重视隐私保护问题。大数据的全面性与关联性可能暴露读者的敏感信息，一旦管理不当，将严重侵犯用户隐私。因此，

图书馆在利用大数据提升服务质量的同时，必须建立健全的数据安全与隐私保护机制，严格遵守相关法律法规，确保读者数据的正当与合法使用，树立良好的职业操守，赢得读者的信任与支持。总之，大数据既是高校图书馆服务创新的动力源泉，也是隐私保护的考验，图书馆应妥善平衡二者关系，为师生提供既高效又安全的信息服务。

（二）大数据环境下高校图书馆的服务创新

高校图书馆在大数据时代正经历着深刻的变革，通过数据挖掘与分析，图书馆能够更加精准地服务师生，提升科研与教学支持的效能。以下几点展示了大数据在图书馆服务创新中的应用：

1. 基于数据挖掘的图书采购

传统的图书采购往往依赖于采购人员的经验和直觉，而在大数据环境下，图书馆能够通过分析 OPAC 系统中的搜索记录、借阅记录以及社交媒体上的用户互动，准确洞察读者需求，从而采购更符合用户兴趣和学术需要的文献资源。这不仅提高了馆藏的针对性，还优化了有限预算的使用效率。

2. 大数据支持的实时虚拟参考咨询服务

实时虚拟参考咨询系统利用网络技术打破了地域与时间的限制，但咨询员的在线时间和专业知识仍然构成服务瓶颈。通过积累并分析历史咨询数据，图书馆可以建立知识库，采用人工智能技术提供 24/7 的咨询服务，显著提升响应速度与服务个性化水平。

3. 高校科研数据的收集与整合

高校图书馆应积极参与科研数据的收集与整合，构建特色资源库，不仅提供文献资源，还应监管保存院系与科研单位的科研数据，分析科研趋势与教学动态，为学校科研与教学提供深度支持，证明图书馆对学校和社会的不可或缺性。

4. 基于数据分析的嵌入式学科馆员服务

学科馆员通过分析用户在图书馆系统中的行为数据，理解用户需求，提供个性化、学科化服务。大数据分析使学科馆员能够更深入地理解用户的研究兴趣，提供定制化资源推荐与增值服务，提升服务质量和用户满意度。

5. 个性化推荐服务

在信息爆炸的时代，图书馆通过分析用户的历史借阅记录、搜索行为和偏好，可以提供个性化推荐服务，帮助用户在海量信息中快速定位所需资源，提升信息获取效率，同时减少信息过载带来的困扰。

大数据为高校图书馆提供了前所未有的机遇，通过数据驱动的服务创新，图书馆能够更精准地满足用户需求，提升服务质量，同时促进科研与教学的深入发展。然而，图书馆在享受大数据红利的同时，也需关注数据安全与隐私保护，确保在合法合规的前提下，最大化数据的价值。

二、大数据技术下的大学生创业

大数据带来的革命不是悄然发生而是直面扑来的,大数据背景下的大学生创业问题值得探析。大学生创业不仅是实现自身价值的有效路径,也是解决大学生就业难题的有力措施。大学生创业具有战略意义,关系到国民经济发展与社会的稳定和谐。

(一) 大数据背景下的大学生创业优势

在当今全球化的数字时代,数据如同无边无际的海洋,以其庞大的体量、惊人的速度、多样的形态以及潜在的高价值,彻底改变了政治、经济的运行逻辑。大数据的兴起,不仅颠覆了传统权力结构,削弱了等级制度的支配力,也淡化了年龄资历在决策中的权重,为年轻人尤其是大学生创业提供了前所未有的机遇。在这样一个背景下,权威不再独享话语权,信息的透明度与流动性促使市场更加公正,诚信成为商业活动的基石,而优胜劣汰的法则更为明显,这一切为大学生创业者开辟了更为平等的竞争环境。

大学生群体,以其独立自主的精神、强烈的竞争意识和鲜明的个性,展现出与时代脉搏同步的特质。他们敢于畅想,勇于实践,拥有无限的创新潜力,这是他们在创业道路上得天独厚的优势。大数据时代的商业环境,对创业者提出了更高的要求,不仅要有创意,更要有将创意转化为现实的能力。"有想法无办法"是许多初创者面临的难题,而大学生凭借其活跃的思维和敢于冒险的勇气,能够更灵活地应对市场变化,把握机遇。

创业之路充满变数,故步自封往往是失败的根源。在瞬息万变的商业世界,唯一不变的就是变化本身。大学生作为创新的主力军,拥有开放的视野和对新鲜事物的敏锐感知,较少受到传统思维的束缚,这使他们能够迅速适应环境,不断创新。大数据引发的产业变革,对消费者行为、资源配置、营销策略和商业模式产生了深远影响,作为接受过高等教育的知识青年,大学生能够更快地理解并适应这一变革,为自己的创业梦想插上翅膀。

总而言之,大数据时代为大学生创业提供了肥沃的土壤。他们不仅拥有与生俱来的时代优势,还能够借助大数据的力量,洞察市场趋势,挖掘潜在价值,实现个人与社会的共赢。大学生创业者站在时代的风口浪尖,只要勇敢地迈出第一步,就能在创业的征途上乘风破浪,开创属于自己的辉煌篇章。

(二) 影响大学生成功创业的因素分析

大学生创业群体的特殊性主要体现在其独特的竞争优势与明显的弱势领域。相对于其他创业者,大学生在学历、活力与未来潜力上占据优势,然而在实战经验、职业技能、社会网络与资本积累方面则相对薄弱。影响大学生创业成功的关键因素可以从以下几个维度进行分析:

1．劳动力市场的供求匹配度

就业与创业市场的质量在很大程度上取决于劳动力供需的匹配程度。大学生倾向于在大中城市寻找白领职位，但随着就业压力增大，县级城市及中小型企业成为他们新的选择。当个人职业期望与市场需求出现脱节时，创业意愿往往会上升，成为摆脱就业困境的一种替代方案。

2．人力资本与社会资本的双重作用

人力资本，即通过教育、培训和实践积累的个人能力和技能，是创业成功的基础。而社会资本，通过人际关系网络获得的资源与支持，也在大学生创业过程中扮演着重要角色。在同等人力资本条件下，广泛的社会资本网络能够提供更多的创业机会与资源，对创业项目的启动与成长起到关键的推动作用。

3．创业生态与创业教育

大数据时代为大学生创业提供了丰富的信息资源与技术支持，构建了大学、企业与政府三者之间的协作网络，共同培育创业生态。近年来，社会各界对大学生创业的支持力度不断增强，创业教育成为高校教育的重要组成部分，旨在培养学生的创新精神与创业能力。然而，尽管创业教育蓬勃发展，大学生创业的总体成功率仍然不高，如何将理论知识与实际操作相结合，提高创业成功率，是当前亟待解决的问题。

大学生创业面临着复杂的内外部环境，既要发挥自身在知识与创新方面的优势，也要应对经验不足与资源匮乏的挑战。创业教育与实践的紧密结合，以及优化的创业环境，是提升大学生创业成功率的关键。同时，社会各方应共同努力，为大学生创业者提供更多的指导、资源与机会，帮助他们将梦想转化为现实。

（三）大数据时代大学生创业注意事项

在大数据时代，数据作为一项关键资产，其价值日益凸显，不仅成为商业决策的重要依据，也为各行各业的行为研究提供了丰富的素材。对于大学生创业者而言，面对如此海量的信息，理解和应对大数据带来的挑战与机遇尤为重要。以下是几个关键点，大学生创业者需要特别注意：

1．洞察大数据发展趋势

明确需求导向：避免数据资产的盲目积累，确保收集的数据与业务目标紧密相关，防止资源浪费。

提升分析能力：加强数据分析和挖掘技术，确保数据的价值得到充分体现，为企业决策提供有力支持。

技术与架构升级：采用先进的数据管理和处理技术，确保系统能够有效处理大规模数据集。

人才培养与引进：重视大数据专业人才的培养和招聘，构建一支能够驾驭大数据的团队。

平衡开放与安全：在数据共享和隐私保护之间找到平衡点，确保数据在安全的前

提下开放利用。

2. 形成企业核心竞争力

强化团队建设与执行：组建高效团队，提高执行力，确保战略目标的顺利实施。

品牌与产品差异化：塑造独特的品牌形象，提升产品质量，形成市场竞争力。

精细化运营：注重业务流程中的每一个细节，降低成本，提高效率和利润率。

战略规划与机遇把握：科学规划企业方向，敏锐捕捉市场机遇，快速响应变化。

资源整合与价值创造：有效整合内外部资源，促进协同效应，实现企业价值最大化。

持续创新：包括制度、技术、管理及文化的创新，保持企业活力，适应市场变化。

大学生创业者在大数据环境下，不仅要善于运用数据驱动决策，还要注重企业内在实力的建设，形成可持续的竞争优势。通过精准的战略定位、高效的团队协作、创新的产品服务以及稳健的风险管理，在激烈的市场竞争中脱颖而出，实现创业梦想。

第二章

大数据时代教育系统的变革

第一节　大数据时代大学生学习方式的变革

一、大数据时代大学生学习方式的特征与归因分析

（一）大数据时代大学生学习方式的特征

从对大学生学习方式调查的数据中可以发现，大学生群体的学习方式呈现出比较鲜明的特色，而这些特征主要表现在以下方面。

1. 学习工具

学习工具，在广义上涵盖所有辅助学习者达成教育目标的手段，从传统的纸笔、黑板到现代的数字化平台和智能设备，它们构成了学习过程的核心要素。不论是实体教材、在线课程、社交媒体还是虚拟现实体验，都属于学习工具的范畴，它们不仅影响着学习的方式和效率，还塑造了学习者与知识交互的模式。

离身学习，这一概念基于传统的教育模式，其中知识被固化在书本等媒介上，由教师作为知识的传递者，引导学生吸收信息。这种学习方式中，学习工具（如教科书、笔记等）的主要功能在于承载和传达静态的知识符号，学习者处于相对被动的位置，通过记忆和理解教师传授的内容来获取知识，此过程常被称为"learn from teacher"。

与此相反，具身学习强调学习者与学习工具的互动性，它将学习视为一个主动探索和实践的过程。在这一模式下，学习工具不再仅仅是知识的载体，而是成为激发思考、促进探索的伙伴。这些工具可能包括实验器材、编程软件、模拟游戏等，它们的设计旨在鼓励学习者动手操作，通过亲身经历加深对概念的理解。学习者与工具之间的关系更加亲密，形成了一种生态式的合作，工具的支持作用体现在帮助学习者自主查询信息、与他人沟通以及处理复杂问题上，从而达到更高层次的学习效果。

具身学习中的学习工具，其角色超越了简单的信息传递，转而成为学习者认知发展和技能提升的催化剂，推动学习者从被动接受向主动探索转变，实现个性化和高效的学习体验。

2. 具身学习框架下的多感官体验

在具身学习的框架下，情境创设确实扮演着至关重要的角色，它不仅是学习活动

的起点，也是连接理论与实践的桥梁。通过创设与现实世界高度契合的情境，大数据技术的应用为学习者提供了沉浸式的体验，使得"做中学"这一理念得以实现。这一过程不仅是对传统课堂中抽象知识的补充，更是对其根本性的超越，将学习者从被动接受知识的状态中解放出来，转而成为主动探索和体验的主体。

具体而言，情境创设要求在学习过程中融入多种感官刺激，不仅仅局限于视觉和听觉，还包括嗅觉、味觉和动觉等，这有助于构建更加丰富和立体的学习体验。例如，通过虚拟现实技术，学习者可以在仿真的环境中感受历史事件，通过触摸、闻香、品尝等方式，与学习内容进行多维度的互动，这种全方位的感官体验能够加深学习者对知识的记忆和理解。

在大数据的支持下，情境创设能够更加精准地匹配学习者的需求和兴趣，通过分析学习者的互动数据，教育者可以实时调整情境的参数，提供个性化和适应性的学习路径。这种基于数据的动态调整，不仅能够激发学习者的内在动力，还能促进更高层次的认知加工，如批判性思维和问题解决能力的培养。

总之，情境创设在具身学习中起到了至关重要的作用，它通过整合多种感官体验，结合大数据分析，为学习者提供了一个生动、具体且高度个性化的学习环境，使"做中学"的理念在大数据时代下得以生动体现，从而推动了教育的创新和学习效率的提升。

3. 具身"流"的学习体验

"流"或"心流"这一概念，源自心理学领域，由美国心理学家米哈里·奇克森特米哈伊提出，它描述的是一种人们在高度投入某项活动时所体验到的心理状态。在心流状态下，个体完全沉浸在活动中，达到了忘我的境界，时间似乎加速流逝，而对活动的掌控感却异常清晰。这种深度专注和全身心投入的状态，不仅让人感到愉悦，还能极大地提升活动的效率和创造力。

在教育领域，尤其是具身学习的语境下，心流体验的意义尤为突出。当学习者在学习过程中达到心流状态，学习活动便不再是外在于个体的任务，而是与个体的生活、情感和认知深度交融，成为其生活的一部分。学习者在三维立体的空间中与学习内容互动，通过更加自然和直观的方式进行探索，这种沉浸式的学习体验能够激发学习者的内在动力，使其在具体情境中全情投入，从而达到学习的最佳效果。

具身"流"的学习体验，强调的是学习者与学习环境的高度融合，它超越了传统学习模式中被动接收信息的局限，转而倡导一种主动构建知识、与环境互动的动态学习过程。这种体验不仅能够让学习者在心理上获得极大的满足，还能促进深层次的认知发展，如批判性思维、问题解决能力和创新意识的培养，最终实现学习者全面而均衡的成长。

4. 学习时空：泛在交互

"泛在"这一概念，形象地描述了大数据时代下学习的新形态，它强调学习与生活的深度融合，主张生活即学习的广阔舞台。在这样的观念下，学习不再局限于传统的教室或特定的学习时间，而是贯穿于日常生活的方方面面，随时随地发生。正如生活本身丰富多彩、无所不包，学习也因此变得包罗万象，无界限、无止境。

具身学习，在数据网络的支撑下，正是这种泛在性和广延性的典型体现。它鼓励学习者调动身体的多重感官，与周遭的真实或虚拟环境进行深度互动，通过数字化媒介的辅助，主动探索、搜集信息，进而完成学习任务。这种学习方式打破了传统学习的静态和被动模式，让学习者成为学习过程的中心，通过亲身体验和实践，实现知识的内化和创新。

同时，互联网技术的普及与深化，为学习者构建虚拟学习社群提供了可能。通过社交媒体、在线论坛、虚拟教室等平台，学习者可以跨越物理空间的限制，与全球各地的同伴进行实时交流、合作学习，共同解决问题，分享学习心得。这种基于网络的社群学习，不仅拓宽了学习的边界，还促进了知识的共创与共享，为学习者提供了更为广阔的学习视野和资源。

泛在学习理念下的具身学习，借助大数据与互联网技术，实现了学习与生活的无缝衔接，让学习成为一种无时无刻不在的自然状态，极大地丰富了学习的形式与内涵，促进了个体的全面发展。

（二）大数据时代大学生学习方式的归因分析

1. 学习者自身：缺乏质疑精神、自制力弱

从哲学的角度审视，内因作为事物发展的核心驱动力，决定了事物的本质与发展方向，而外因则需要通过内因发挥作用。在学习的过程中，学习者自身即构成了内因，他们的认知结构、态度、动机以及行为模式，直接关系到学习成效与个人成长。尤其在信息爆炸的大数据时代，学习者面临着前所未有的挑战与机遇，但同时也暴露出了一些潜在的问题。

首要问题在于质疑精神的缺失。在追求效率与即时满足的快节奏生活中，学习者逐渐倾向于接受碎片化、易于消化的信息，这虽能快速获取知识的表层信息，却削弱了他们深入探究与批判性思考的能力。面对复杂问题，他们更愿意依赖搜索引擎获得现成答案，而非独立分析与质疑，这导致了思维的惰性，形成了"只求速成，不究根本"的认知习惯，降低了思维的深度与广度。

其次，自制力薄弱成了学习道路上的一大障碍。在没有外部严格监督的环境下，大学生往往难以维持良好的学习习惯与规律的作息时间。虽然多数人有意识地制订学习计划，但在执行时却容易受外界干扰或内在惰性的影响，计划往往流于形式。部分学生甚至缺乏制订计划的主动性，采取得过且过的态度，这背后反映了从"他律"到"自律"转变过程中的阵痛。大学生活相对自由，脱离了家庭与学校的直接约束，使得一些学生在自我管理方面显得力不从心，难以平衡学习与娱乐，影响了学业进步与个人成长。

大数据背景下的学习者面临的挑战，实质上是对自我认知与行为模式的深刻反思。要克服质疑精神的缺失与自制力的薄弱，学习者需培养批判性思维，增强自我调控能力，学会在海量信息中筛选价值，同时建立健康的学习生活习惯，以适应不断变化的学习环境，实现个人的全面发展。

2. 大数据环境：隐私安全弱、内容失真严重

自大数据概念兴起以来，它如同一股洪流，深刻改变了社会的各个层面，包括教育领域。尽管技术进步带来了前所未有的便捷，但随之而来的隐忧同样不容忽视，对

学习者而言，这些风险主要体现在隐私安全与信息真实性两大方面。

首先，隐私安全已成为数字时代的一道难题。在享受个性化服务与智能化体验的同时，学习者往往不得不让渡部分个人信息。无论是日常使用的应用程序，还是在线学习平台，个人数据如手机号码、家庭地址、电子邮箱等，在不经意间成为数据海洋的一部分。然而，这些敏感信息一旦落入不法分子之手，不仅可能引发骚扰、诈骗等事件，更严重的是，学习者对于隐私泄露的风险认知不足，缺乏必要的防护措施，无疑加剧了安全威胁。

其次，信息失真与误导成为大数据时代的另一重挑战。随着数据量的激增，数据质量参差不齐的现象日益突出。错误的数据输入、来源不明的信息混杂，都可能导致分析结果的偏差，进而影响决策的准确性。在学习场景下，这意味着学习者可能会接触到不实或误导性的信息，这些信息不仅无助于知识的深化，反而可能引导学习者偏离正确的学习路径，将精力浪费在无价值的数据分析上，而非专注于学习活动本身。真正的学习价值在于理解和创造，而非单纯的数据处理，因此，如何在海量信息中筛选真实、有用的内容，避免被表面的数字所蒙蔽，成为学习者亟须掌握的一项技能。

大数据时代的学习者不仅要学会利用技术优势，更要具备识别风险、保护隐私、辨别信息真伪的能力。这要求我们在享受数据带来的便利之余，更要重视数据伦理与信息安全教育，确保技术进步能够真正服务于人类的发展，而非成为束缚思维与创造力的枷锁。

二、大数据时代大学生学习方式的优化路径

立足于学习者个体，首要任务是强化其数据素养，培养批判性思考与数据分析能力，使其能够有效甄别、解读并运用数据资源，避免信息过载及误读。宏观层面，致力于构建一个健康、纯净的数据生态，剔除冗余与误导性信息，确保数据的准确性和可靠性，为学习者提供一个有益于成长的信息空间。

教师作为教育过程中的关键引导者，其数据思维的塑造不可或缺。有必要对师资队伍进行有针对性的培训，增强他们运用大数据辅助教学的能力，使之成为连接学生与数据世界的桥梁，引领学生探索数据背后的深层含义，促进深度学习的发生。同时，学校层面需加速推进校园信息化建设，打造智慧校园，将大数据融入日常教学管理，提供个性化的学习路径与资源推荐，实现教育的精准化与高效化。

优化大学生学习方式的关键在于整合各方力量，从提升个体能力、净化数据环境、重塑教师角色以及升级校园设施四个方面着手，共同绘制大数据时代学习方式的优化蓝图，旨在创造一个既充满活力又不失严谨的学习生态，让每一位学习者都能在数据的海洋中找到属于自己的航向，实现真正的个性化与终身学习。

（一）提升学习者数据素养

在当今数据驱动的时代，数据素养已成为学习者不可或缺的核心竞争力，它不仅关乎信息的获取与理解，更是推动学习深化与创新的关键。数据素养的培育，实则是赋予学习者驾驭数据的能力，使之能够洞察数据背后的故事，激发学习动力，促进学

习方式的革新。鉴于此，提升学习者数据素养的有效途径主要包括课程教育与创新实践两大维度。

一方面，课程体系的优化是数据素养教育的基石。通过精心设计的教学计划，明确数据素养教育的目标与价值，确保学习者能够认识到数据素养的重要性。课程内容应紧密结合学习者专业需求，采用案例教学、项目导向学习等多样化教学法，聚焦于数据定位、分析与应用的技能训练。教师应扮演引导者角色，通过有针对性的指导与反馈，帮助学习者识别并克服数据处理中的难点。此外，课程结束时，鼓励学习者自主总结与反思，通过思维导图等形式呈现学习成果，这不仅检验了学习成效，更深化了数据素养的认知。

另一方面，创新性实践活动为学习者提供了将理论付诸实践的舞台。这类活动鼓励学习者跳出传统课堂，组建团队，围绕特定主题，经历从数据收集到问题解决的全过程。在这一过程中，学习者不仅能够提升数据处理能力，还能培养团队协作、创新思维等综合技能。教师的支持与指导，在此环节中同样至关重要，无论是技术指导还是专业咨询，都为学习者提供了宝贵的外部资源。通过参与创新实践，学习者能够在真实情景中应用数据素养，实现知识的内化与能力的升华。

数据素养教育的实施，既要依托于系统化的课程体系，也要辅之以丰富的实践机会。通过理论与实践的有机结合，学习者不仅能掌握数据处理的技能，更能培养出适应大数据时代的思维方式与解决问题的能力，为终身学习奠定坚实的基础。

（二）构建绿色数据环境

在大数据蓬勃发展的背景下，构建绿色数据环境已成为当务之急，以确保数据的安全、健康与规范，为学习者提供一个有利于学习与成长的信息生态。绿色数据环境不仅体现了可持续发展的理念，还彰显了对创新与人文价值的尊重。鉴于当前数据环境的复杂性，以下策略对于创设绿色数据环境至关重要：

1. 成立专业数据管理机构，严控数据质量

成立专门的数据管理部门，负责数据的审核与监管，确保所有数据来源可靠、内容真实，剔除虚假与有害信息，为学习者营造一个安全、纯净的数据空间。

2. 完善法律法规，严厉打击数据犯罪

将大数据纳入国家战略层面，加快相关法律法规的制定与完善，加大对数据泄露、网络诈骗等违法行为的惩治力度，从法律层面保障数据安全，净化数据环境。

3. 强化舆论引导，提高数据安全意识

利用媒体的广泛影响力，开展数据安全教育，不仅曝光数据安全隐患，更要传播防范知识与技巧。通过案例分析、专家解读等形式，引导公众尤其是大学生群体正确认识数据安全的重要性，学会保护个人隐私，理性使用数据资源。

4. 开展数据伦理教育，倡导负责任的数据使用

将数据伦理纳入教育体系，培养学习者对数据的尊重与责任感，避免数据滥用与误用，促进数据的健康流通与共享。

5. 开发数据加密与防护技术，筑牢数据安全屏障

投资研发先进的数据加密技术，增强数据传输与存储的安全性，防止数据被非法

窃取或篡改，为学习者提供更加安全可靠的数据使用环境。

6. 构建数据追溯与审计机制，确保数据透明与责任可追溯

建立健全数据使用与管理的审计制度，一旦发生数据安全事故，能够迅速定位问题源头，追究相关责任，维护数据生态的健康与稳定。

创设绿色数据环境是一个系统工程，需要政府、企业、教育机构与社会各界的共同努力。通过综合施策，不仅能够有效应对数据安全挑战，还能促进大数据的健康发展，为学习者创造一个更加安全、健康与规范的学习环境。

（三）培养教师的数据思维

高校教师作为教育过程中的关键角色，其能否有效适应大数据时代的要求，直接影响着教育质量与学生的学习体验。数据思维的培养，对于教师而言，不仅是一种技能的提升，更是一种教育理念的转变。数据思维要求教师具备敏锐的洞察力、前瞻性的思考、多元化的视角以及个性化的教学策略，这些特质将显著增强教师在大数据环境下的教学适应性与创新能力。

1. 职业培训

数据思维的启蒙与深化针对新老教师的职业培训，应当将数据思维与技能的培养纳入核心内容。当前，我国教师培训体系中关于数据运用的培训尚显不足，因此，迫切需要引入大数据视角，强化教师对数据价值的理解与运用能力。通过案例分析、技术演示、实践操作等多种形式，教师直观感受大数据在教学中的应用潜能，激发其数据思维的觉醒，为学生提供更加精准与个性化的学习支持。

2. 举办基于数据的教学竞赛

教师数据思维的形成与提升，是一项系统工程，需要教育系统的整体参与和支持。举办基于数据的教学竞赛，能够激发教师的积极性与创造性，促进其数据思维的深化。竞赛中，获奖教师的经验分享，为其他教师提供了宝贵的学习资源，展示了数据如何赋能教学创新。此外，通过设计与实施基于数据的教学方案，教师能在实践中不断试错与优化，逐步掌握数据驱动的教学策略。学校与教育管理部门的积极参与，不仅能够提供必要的资源与支持，还能加速形成以数据为中心的教育生态，推动教育系统的整体转型。

教师数据思维的培养，需要通过系统性的职业培训与实践竞赛相结合的方式，促进教师对大数据的理解与应用，激发其教学创新潜能。这一过程不仅能够提升教师的专业能力，还将深刻影响学生的学习方式，推动教育向着更加个性化、智能化的方向发展。在未来，教师将不仅是知识的传授者，更是数据时代的教育领航者，引领学生在浩瀚的数据海洋中探索未知，成就未来。

（四）加快构建智慧校园

智慧校园的构建，作为教育现代化的关键步骤，旨在通过物联网与大数据技术的深度融合，打造一个既支持个性化学习又兼顾舒适生活体验的教育环境。这一概念的核心在于，通过技术手段优化校园的物理与数字基础设施，以促进学习者学习方式的革新，提升教育效能。以下是智慧校园建设的三个关键领域：

1. 智慧教室的优化

智慧教室，作为智慧校园的标志性元素，通过集成大数据与云计算技术，能够智能响应师生需求，实现教学环境的个性化定制。学校可通过以下步骤优化智慧教室。

（1）利用大数据收集学生对教室环境的偏好，如照明、温度、座位布局等。

（2）将数据上传至云端，通过分析预测学生上课时长与活动需求。

（3）实施中央智能调控系统，自动调整教室环境，实现多功能转换。

（4）确保每间教室配备自动录课功能，便于复习与教学反馈。

2. 强化校园网络基础设施建设

校园网络是智慧校园的神经中枢，其稳定性和覆盖面至关重要。学校应从以下方面加强校园网络基础设施建设。

（1）建立专门的网络管理中心，加强校园网的内部管理与数据安全。

（2）在防火墙内部部署数据管理系统，实现双层防护。

（3）引入多家网络运营商，形成互补的网络覆盖，提升信号强度与稳定性。

3. 优化学习空间的数字化与智能化

图书馆、自习室等学习空间的数字化改造，是智慧校园建设的重要一环。学校可采取以下措施。

（1）通过签到系统收集学生学习行为数据，动态调整座位配置与预约服务。

（2）对学习资源利用率低的学生发出智能预警，适时干预。

（3）设立 24 小时学习室，采用线上预约制，结合大数据监测环境参数，实现智能调控。

（4）利用大数据分析学生学习模式，为自制力不足的学生提供定制化提醒，提升学习效率。

智慧校园的建设需要学校在智慧教室、校园网络与学习空间等多个维度进行综合布局与优化，通过数据驱动的策略，为学习者提供更加智能、高效、个性化的学习环境。这一系列举措不仅能够显著提升教育质量，还能激发学习者的潜能，推动教育向更加智能化、人性化的方向发展。

第二节　大数据时代的管理模式变革

一、大数据给我国高校教育管理带来的变化

（一）数据采集：关注过程、关注微观

传统高校数据采集受限于技术、人力和物力条件，往往侧重于管理类、结构化和结果性数据的收集，在宏观层面监控教育进展，对高校政策制定和资源分配产生积极影响。然而，这种方式难以实时追踪学生、教师及科研动态，缺乏预见性，往往只能

在问题发生后采取补救措施，使得教育管理陷入被动状态。随着大数据技术的迅猛发展，高校教育数据采集迎来了革命性的转变。

在互联网、物联网与大数据技术的加持下，智慧校园建设正以前所未有的规模和深度，收集着涵盖学生学习、教师教学、科研活动等全方位的教育数据。相较于传统模式，智慧校园数据采集不仅数量庞大，且在数据质量、价值与多样性上远超以往，涵盖了非结构化、动态化、过程化及微观化等特征，为教育管理提供了更为精细、实时的洞察。

智慧校园中的数据流，经由专业分析师的处理与解读，转化为智慧流，为高校决策提供了科学依据，推动教育管理走向人性化、精准化。然而，教育数据的复杂性与商业领域标准化业务流程的缺乏，使得高校教育管理大数据的采集与分析工作面临巨大挑战。教育数据的分析，不仅要关注相关性，更需深挖因果关系，以实现对教育本质的深刻理解。

教育事业的核心在于育人，因此，教育大数据的分析不仅要揭示现象，更要探究其背后的成因，通过技术手段剖析数据，提炼规律，识别问题根源，从而制定有效的解决方案，优化教学与学习效果。在这一过程中，高校应积极构建跨学科的专家团队，融合教育学、心理学、统计学与计算机科学等领域知识，以实现教育大数据的深度挖掘与综合应用，最终促进高校教育质量的全面提升，为学生提供更加个性化、高效的学习体验。

（二）治理模式：民主治理、集思广益

在大数据时代，高校的决策与治理模式正经历一场深刻的变革。传统高校治理模式，通常被定义为"精英治理"，其决策过程往往局限于小范围的研讨或正式会议，信息传递受限，民主参与度不高，难以有效汇聚广大师生的智慧与意见。这种封闭的决策方式，不仅抑制了创新思维的碰撞，也难以捕捉到基层的真实声音，进而影响决策的全面性与合理性。

然而，随着互联网、物联网、云计算、大数据及移动终端等技术的广泛应用，智慧校园的建设为高校治理模式的转型提供了强大支撑。智慧校园通过打破时空界限，搭建了管理者与师生间无障碍的交流平台，这一转变至少体现在四个方面。

1. 智慧汇聚

智慧校园能够广泛收集师生的意见与建议，这些来自一线的声音富含创新与实践智慧，为学校发展与业务优化提供宝贵的群众智慧。

2. 战略共识

通过数字化平台，高校能够及时、全面地传达发展战略与思路，促进师生对学校愿景的理解与认同，形成上下一致的行动力，共同推动学校发展目标的实现。

3. 沟通无界

智慧校园促进了管理者与师生间的密切互动，拉近了彼此的距离，有助于及时发现并解决潜在的矛盾与问题，营造和谐的校园文化。

4. 决策透明

数字化记录与分析工具确保了决策过程的全程留痕，增强了决策的透明度与规范

性，有效防止权力滥用，促进决策的科学化与民主化。

大数据时代的智慧校园不仅提升了高校治理的效率与质量，还促进了决策的民主化与科学化，为高校的可持续发展注入了新的活力。通过构建开放、包容的数字化治理体系，高校能够更好地倾听师生心声，凝聚集体智慧，共同推动教育创新与学术繁荣。

（三）教学模式：及时反馈、因材施教

大数据技术在高等教育中的应用，正引领着一场以学生为中心的教学模式革新，尤其是翻转课堂和在线教育的兴起，标志着教育从传统模式向个性化、智能化转变。高校作为信息技术应用的前沿阵地，其庞大的学生群体不仅是数据的生产者，更是受益者，他们通过日常的学习活动，不断生成着丰富的教育管理大数据。

在大数据的支撑下，高校能够深入分析学生在学习平台上的交互行为，如对特定知识点的投入时间和反馈情况，从而精准识别学习难点与兴趣点，调整教学重点和方法。这种数据驱动的教学设计，具备两大显著优势。

1. 实现个性化学习

借助适应性学习系统，大数据分析能够洞察每个学生的独特需求，为他们定制专属的学习计划，即"个人播放列表"。这种动态内容调整，能根据学生的表现和进步自动优化，帮助教师预测提升学业成绩所需的教学策略，包括教材选择、教学风格以及适时的反馈机制。

2. 开展个性化教学

通过大数据分析，高校能够在大规模学生群体中识别具有相似学习特征的小团体，实施分组教学。这意味着，虽然面对众多学生，但通过共享测验和材料，能够针对不同能力水平的学生提供有针对性的指导，实现了低成本下的高质量个性化教育。

在线教育的普及，被视为教育史上继印刷术之后的又一次革命，它不仅极大地扩展了教育的覆盖范围，还提升了教育质量。从古代学徒制到近现代学校教育，再进化到在线教育，每一步都代表着教育形式的迭代升级，不仅满足了教育规模化的需要，同时也保证了教育内容的深度和广度。

大数据在教育领域的潜力巨大，未来的发展空间无限。目前，基于行为分析和学习激励的在线教育平台只是大数据影响高等教育的初步展现。随着技术的不断进步，大数据将更加深刻地改变教学内容、方法乃至整个教育生态，推动教育公平与效率的双重提升，开创教育的新纪元。

二、我国高校大数据教育管理发展的对策

高校教育管理的演进轨迹，从古代依赖直观经验和直觉判断的管理模式，过渡至近代依托科学理论与方法的精细化管理，最终迈向现代集信息化、数据驱动与智慧化于一体的综合性管理体系。在这一历程中，文化教育管理作为最高境界，以其生态化、智慧化及浓厚的人文关怀为标志，构建了一个"融通、共享、互激"的数据生态圈，其中各类教育管理要素彼此交织，形成共生共荣的和谐状态。

我国高校正经历从信息化教育管理向大数据教育管理的转型期，这一转变要求建立全新的管理方式，而体制机制创新成为突破的关键。鉴于此，深入探索并汲取国际上高校在大数据教育管理方面的先进经验显得尤为重要。通过系统分析，可以提炼出促进我国高校大数据教育管理发展的一系列策略，这些策略须兼具科学性、可行性与实际操作性，旨在推动高校教育管理向更高效、更智能、更人性化的方向迈进。

具体而言，策略可能涵盖但不限于以下几个方面：

强化数据治理，建立健全的数据采集、存储、分析与应用体系，确保数据质量与安全。

构建跨部门协作机制，打破信息孤岛，实现数据资源的整合与共享，提升管理决策的科学性与精准性。

培养数据分析人才，加强教师与管理人员的大数据素养培训，提升团队的数据分析能力和应用水平。

推动智慧校园建设，利用物联网、人工智能等技术优化校园环境与教育资源配置，创造更加智慧化的学习与工作场景。

加强伦理与隐私保护，确保在大数据应用中遵循伦理规范，尊重个人隐私权，建立透明的数据使用政策。

通过上述措施，我国高校有望在大数据教育管理的道路上稳健前行，实现教育管理的现代化转型，进而提升整体教育质量和竞争力。

（一）树立大数据教育管理发展理念

在大数据时代，高校教育管理的革新不仅依赖于数据资源的丰富和技术的精进，更关键的是培育一种全新的大数据教育管理发展理念。这要求高校在数据开放、共享、跨界合作与用户体验等方面，形成一套行之有效的管理哲学，以促进教育管理的现代化与智慧化。

1. 分享理念

大数据教育管理的核心在于打破信息壁垒，实现数据资源的广泛连接与分享。高校应视 IT 基础设施为连接师生、整合资源、促进教学与学习效率提升的桥梁。借鉴发达国家高校的成功经验，我国高校应强化"连通与分享、人技相融、应用体验"的理念，构建一个跨越部门、学校、行业乃至国界的协同机制，实现数据资源的共建、共享与共融，从而激发教育创新，提升管理效能。

2. "以用户为中心"

高校管理层需确立"以用户为中心"的管理导向，聚焦学校战略目标与业务流程优化，通过整合软件、硬件和服务，向师生提供简洁、直观的集成化服务，以大数据技术驱动教育模式与管理模式的革新。具体而言，高校应构建一个统一、无处不在的数字化平台，简化管理流程，增强用户体验。该平台不仅作为学校业务的延伸，提供账户管理、课程信息、成绩查询等服务，还能作为紧急信息传播、校园安全管理、财务交易、课程报名、校友联络、教师培训等多维功能的集成入口。同时，高校应注重基础设施的现代化，采用灵活可扩展的网络解决方案，替换老旧设备，以满足师生的多样化需求，提升校园数字化水平。

高校教育管理大数据的发展，呼唤一种开放、共享、用户导向的新型管理思维。通过建立高效的数据分享机制，坚持以用户为中心的服务理念，高校能够构建一个更加智慧、高效、人性化的教育生态系统，促进教育公平与质量的双重提升，为师生创造更加优质的学习与工作环境。

（二）实现大数据教育管理全面发展的原则

高校大数据教育管理的全面发展，需遵循一系列原则以确保其顺利实施与长远发展。这些原则不仅关乎技术与平台的构建，更涉及教育理念的革新与人才的培养，具体包括以人为本、扬长避短及疏堵结合等核心理念。

1. 以人为本

高校大数据教育管理的核心在于服务人、发展人。从物理设施到软件系统，再到隐性文化的培育，每一环节都应以"以人为本"为基本原则。高校应优先完善大数据基础设施，为学生构建线上线下融合的立体化学习环境，确保设施设计体现"用户至上"的理念。软件系统的开发应以促进人的主动性、维护人的尊严为核心，致力于人的全面发展。同时，大数据教育管理文化应融入人文关怀，防止技术理性对人的价值与尊严造成贬抑，确保大数据服务于人，而非凌驾于人之上。

2. 扬长避短

大数据的双刃剑效应在高校教育管理中体现得尤为明显。高校在制定发展规划与制度时，应秉持扬长避短、趋利避害的策略，充分利用大数据促进民主、平等、公正、自由的大学文化，以及增加科学研究的深度与广度。大数据的即时性、动态性与互动性为高校营造新型师生关系、预测教育管理趋势、保障信息安全性提供了有力工具，同时也需警惕隐私泄露、个体异化与数据霸权等潜在风险，提前建立防范机制，确保大数据的正面效应最大化，负面效应最小化。

高校大数据教育管理的发展须在以人为本的基础上，充分发挥大数据的积极作用，同时警惕并妥善处理其潜在风险，通过综合施策，构建一个既高效又安全、既智能又人性化的教育管理环境，为师生提供更加优质、个性化的学习与工作体验。

（三）创新大数据教育管理资源的分享机制

高校教育管理数据资源的开放与共享，是实现数据价值最大化、推动教育创新的关键。数据的开放程度决定了其生命力与影响力，封闭的数据仅是静默的数字集合，唯有开放共享，方能激活其潜在价值，促进知识的流动与创新。

1. 分步实施、逐步推进

公共数据服务正逐步向集成化、动态化、主动化和精细化方向发展，而数据开放的主导者往往是代表公共利益的政府。我国高校大数据共享机制的构建，亦可循序渐进，首先确保数据安全，逐步打破部门、学科、专业、行业等界限，由内部共享向区域开放，最终实现全国乃至全球范围内的数据互联互通，形成开放、共享、应用的良性循环。

2. 利益共享

高校大数据教育管理的推进，需构建多方参与的合作网络，涉及资金、技术、人才及体制机制等多方面挑战，其中利益共享机制是激发合作的关键。合作共同体既是参与者联盟，也是利益共同体，各方需寻求共同的求解路径，以实现共赢。当前，高校大数据教育管理的资金来源主要为政府和高校，缺乏社会公益投资，需构建多元化的融资渠道，激发各参与方的积极性。此外，建议建立科研数据分级共享机制，对促进知识传播和社会进步的科研成果，设立开放共享的激励政策，如国家政策引导下的经费补偿、智慧教育奖项设立、教师职称评审制度改革等，以政策引导和物质奖励，推动高校大数据教育管理的全面深化与发展。

高校教育管理数据资源的开放与共享，需遵循分步实施、利益共享的原则，通过逐步推进的策略与激励机制的构建，形成开放、合作、共享的教育生态，促进教育公平与质量的提升，为师生创造更加智慧、高效的学习与工作环境。

第三节　大数据时代教科书研究范式的变革

一、大数据时代教科书研究范式的变革分析

（一）研究对象：全数据模式

传统的教科书研究方法，如内容分析、故事分析、论辩分析以及话语分析，通常依据抽样数据来推断整体趋势。这种方法虽然能够提供一定视角的洞察，但其科学性受限于样本的代表性，且存在固有的误差。样本的选择往往带有研究者的主观性，即便精心挑选，也无法完全避免偏差。

然而，大数据时代的到来为教科书研究开辟了全新的道路。大数据分析不再局限于小规模样本，而是追求"样本＝总体"的全数据模式，即通过处理和分析所有可用数据，直接洞察事物的全貌和发展趋势。这一转变意味着教科书研究无须再受限于抽样技术，海量数据的收集与分析成为可能，使研究者能够接触所谓的"自然数据"，即电子教科书自动生成的数据，或是师生在网络课程互动中产生的数据。

基于大数据的教科书研究方法，显著减少了传统研究中的偏差，因为数据不再经过人为筛选，而是直接源于实际的教学过程。大数据不仅提供了前所未有的数据量，还展现了更为细腻的信息层次，揭示了样本分析难以触及的细节和微观层面，帮助我们更深刻地理解教科书的使用效果、学生的学习行为以及师生间的互动模式。

具体而言，教科书研究可以利用大数据从多个角度切入，包括但不限于文本内容的深度解析、学生学习进度的实时跟踪、师生沟通的动态分析等。通过对大规模、连续性数据的综合考量，教科书研究得以构建一个更为立体、精准的知识体系，为教育决策、教材优化和教学实践提供坚实的数据支持。这种基于大数据的新思维模式，正在重塑教科书研究的基础，引领着教育研究向更加科学、全面的方向迈进。

（二）研究功能：预测分析成为主导

以往的教科书研究往往依赖描述性分析，这是一种回顾性的研究手法，它通过整理、描述和阐释现有数据，对过去事件进行定性或定量的刻画。例如，在基础教育课程改革推行十年之际，教育部发起了一项针对全国普通高中新课程教科书使用状况的大规模调研。这一调研涵盖了教研员、教师及学生的多元视角，旨在通过资料的收集与分析，呈现新课程教科书中实际应用的全貌。不过，此类基于描述性分析的传统研究方式存在明显局限，数据的收集耗时长且滞后，缺乏即时性，加之高昂的人力成本，如问卷设计、分发、回收及数据整理，导致信息反馈至教科书编撰方或出版机构时已失去时效时，进而影响教育政策的制定与执行效率。

步入大数据时代，人类的文化认知水平发生了质的飞跃，预测分析逐渐占据核心地位。大数据并非静止待发掘的实体，而是信息化生态下动态生成的副产品。这一新时代的来临，不仅实现了数据的实时捕捉与海量存储，还实现了数据处理能力的飞速提升和多样化处理，极大地增强了预测的准确性与实用性。借助大数据技术，我们可以对即时数据进行深度剖析，通过构建模型识别事物间潜在的关联性，从而洞悉趋势，为决策者提供前瞻性的指导。这种基于大数据的分析手段，克服了传统描述性分析的局限，为教科书研究带来了革命性的变化，使其能够更快速、更精准地响应教育需求，促进教科书内容的持续优化与教育政策的有效调整。

（三）研究思维：跨学科复杂思维更重要

深受传统工业社会中机械还原论的影响，教科书研究长期以来遵循着构建经典学科的轨迹，力图界定清晰独特的研究对象与学科范围，追求构建逻辑严谨的学科体系，以此确立自身独立的学术身份。在这一过程中，教科书研究倾向于采用封闭单一、主客体割裂的思考模式，造成了科学与人文之间长久的分裂与对立，尽管这一模式曾推动了教科书研究的进步，但其固有的二元对立和简化论视角限制了对教科书与社会、文化、政治及个体间复杂互动的理解，从而在一定程度上抑制了研究的深入与创新。

然而，大数据时代的到来标志着思维方式的根本变革。大数据思维本质上是一种复杂性思维，它拥抱多样性，视万物皆可数据化；重视相关性而非仅限于因果链；强调整体而非局部；倡导动态而非静态；并突出个性化而非标准化。在大数据视域下，教科书研究正经历从单一学科思维向跨学科复杂思维的转型。这意味着跨越科学与人文的壁垒，促进教科书研究专家与信息技术、大数据等领域专家的协作，引入数据密集型研究方法，深化教科书研究的科学性。同时，教科书研究者须具备跨学科视野，能开展综合性研究，巧妙融合学科知识与数据技术，多维度解析教科书议题。此外，与大数据专家的协同工作将催生实用工具与方法，实现教科书研究与数据科技的无缝对接，促进定性与定量研究的融合，革新传统研究手段，彻底革新我们对教科书的认知与解读。

面对以人工智能、物联网、量子计算为标志的第四次工业革命，我们被呼唤成为智慧灵活、博采众长的"狐狸"，而非视野狭窄、固守一隅的"刺猬"。这不仅要求我们掌握新兴技术，更需培养跨学科综合能力，以适应复杂多变的研究环境，引领教科书研究迈向新的高度。

（四）研究特征：数据驱动开辟新路径

在当下的教科书研究领域，理论驱动的探究模式占据核心位置。这种研究模式深深植根于社会学、文化学以及教育学的理论框架之中，与社会文化背景紧密相连。研究者依据自身的理论视角和文化见解来剖析教科书，无论是侧重人文理解的探讨，还是偏重科学实证的分析，都不可避免地反映出研究者内心的理论设定、概念架构及思考方式。人文理解视角下的教科书研究尊重个人主观体验，视之为洞察问题的"视角"，倡导个人历史与当下情境的交融，以达到对教科书的深层领悟。而科学实证路线则强调经由观察与实验获取"客观"数据，再通过归纳与统计揭示教科书背后的科学法则。然而，鉴于教科书与社会文化的内在联系，任何观察或实验都无法完全摆脱主观色彩。

随着大数据时代的来临，教科书研究正逐步转向数据驱动的科学探索模式。在此模式下，"让数据说话"成为研究的核心理念，数据成为研究的基石。教育数据挖掘技术为教科书研究开辟了全新的道路，它涵盖从电子教科书使用到教学管理过程中的各种数据，以及科研数据库内的信息。数据驱动的教科书研究聚焦于数据本身，无须预先设定理论模型，而是通过对海量数据的挖掘、转化、分析与解读，提炼出对教科书本质的新见解。这类数据是在自然状态下生成和积累的，未经人为干预，因而被视为客观现实的直接反映。教科书研究者不再受限于先验理论，也不必臆测结论，而是借助全面、精确的数据分析，开启一条以数据为本、揭示科学知识与客观规律的新路径。

值得注意的是，大数据研究并非旨在取代传统教科书研究方法，而是一种有益的补充，它象征着教科书研究领域的创新趋势和方向。大数据研究并非否定理论的重要性与因果关系的探索，相反，它通过数据模式和关联性分析丰富了传统的理论框架和因果逻辑，拓展了教科书研究的范畴和视角。因此，大数据研究与传统方法并行不悖，共同推动教科书研究向着更加多元和深入的方向发展。

二、大数据时代教科书研究范式变革的路径

（一）加强我国中小学教科书数据基础建设

在大数据时代背景下，教科书研究范式的革新关键在于"数据创建"。构建规模庞大的公共教科书数据库，结合大规模在线开放课程平台所累积的数据资源，是生成高质量、高信度且可无限制访问数据的基石，这为研究者提供了理想的素材，以进行数据搜集与深度挖掘。

强化专业教科书科研数据库的建设成为大数据时代教科书研究的迫切需求。教科书数据库将与教科书相关的各类信息转化为数字格式，统一存储，使得研究者能够依据自身研究目标，运用检索工具高效定位所需数据。此类数据库数据结构清晰，便于批量提取，极大提升了教科书研究的工作效能及成果精度。然而，目前的数字化处理

仅限于提供教科书的完整图像，这些图像须经由人工阅读方能转化为有价值的信息，其中的文字与内容无法被自动检索或分析，显然无法适应研究者对于数据挖掘与深度解析的需求。

鉴于此，我国中小学教科书数据库的建设亟待深化，应当将现有数字化教科书升级为可被计算机读取的数据文本，确保教科书中文字、词汇乃至句子等元素能够被精准识别。如此一来，研究者便能对文本数据实施精细挖掘与专业分析，进而推动教科书研究迈向更高层次，实现质的飞跃。

大数据时代的教科书研究呼唤着更先进、更智能的数据库建设，这不仅是对现有技术的挑战，更是对未来教育科研趋势的顺应与引领。通过优化教科书数据的创建与管理，我们能够为学术界提供前所未有的研究机遇，促进教育科学的长足进步。

（二）推进数据密集型教科书研究方法论的革新和工具的升级

在大数据时代，数据密集型研究已成为主导性范式，推动教科书研究领域的革新势在必行。这一转变要求教科书研究者不仅要拥抱互联网、计算机科学以及人工智能的前沿进展，还要借鉴国际先进经验，开发适配于教科书研究的数据分析工具与方法。随着大数据在自然科学与社会生活各领域的渗透加深，教科书研究亦需顺势而为，深度融合信息技术，以期构建符合时代要求的研究框架。

数据密集型研究在教科书领域的应用前景广阔，它涵盖从学习分析到数据挖掘的多元手段。在网络化教学环境中，教师与学生互动、社会反馈及教学情境所产生的庞杂数据，均可通过这些方法进行精细化分析。通过洞察学习者的知识背景、态度倾向、动机驱动与认知风格，研究者得以优化教材内容布局与展示策略，探索高效的教学模式与设计思路。

同时，教科书研究应勇于突破传统内容分析与话语分析的局限，这些方法受限于样本量与研究范畴，在处理海量数据时力有未逮。语料库研究法的引入，为教科书研究注入了新活力。基于语言学、计算机科学与统计学的交叉融合，语料库分析代表了传统方法在大数据时代的迭代升级。借助大容量电子文本库的构建，研究者能够对教科书内容展开全方位、深层次的剖析，揭示其在历史长河与社会变迁中的位置与演变轨迹，为教科书文本研究勾勒出更为立体的发展脉络。

总之，教科书研究在大数据时代下的转型，既是对研究方法论的革新，也是对研究工具的升级。通过整合多学科智慧，教科书研究有望跨越传统界限，实现对教育本质更为深刻的理解与诠释。

（三）提升研究者的跨学科研究能力

尽管国家层面已推出促进大数据发展的行动纲领，教科书领域的大数据研究却未能获得相应重视，面临着多重挑战。首要难题在于数据获取，教科书研究者往往受限于资源，难以触及规模庞大的教育数据集。加之，人文社会科学背景的学者们在技术技能上相对匮乏，数据驱动的研究意识薄弱，这使得他们难以有效利用计算模型和分析工具深化教科书研究。

与此同时，虽有技术专家及商业实体掌握着丰富的教育数据，但欠缺将其转化为深度洞察及实用价值的专业技能。由此观之，构建集技术与专业于一身的跨学科机构与研究团队，增强教科书研究者跨界合作与综合分析的能力，实为推动教科书研究步入大数据时代、实现范式转型的关键所在。

这一进程不仅要求提升研究者的技术素养，还需促进不同学科间的知识交流与融合，以确保数据的有效采集、分析与解读。唯有如此，教科书研究方能真正步入数据密集型研究的新纪元，为教育实践与理论创新提供更为坚实的数据支撑与洞见。

（四）开拓理论基础重建与学科研究新方向

在大数据时代，教科书研究范式的革新呼唤着打破定量与定性研究的二元对立，倡导科学与人文的深度融合，探求全新的理论框架、研究范畴与方法论，以拓宽教科书研究的学术边界与学科视野。

首先，理论基础的重建是当务之急。当前，教科书审查偏重于学科内容的科学性、准确性以及与课程标准的契合度，却难以实时洞察教科书的实际教学效果、其与学生认知规律的匹配度及师生反馈。大数据技术的崛起，革新了教育数据的生成与采集模式，为教科书研究奠定了坚实的理论根基，开辟了崭新的研究路径。

其次，教科书研究的新方向呼之欲出。大数据的广泛应用，不仅重塑了教科书研究的实证根基，还促进了定性与定量研究的深度融合，催生了"教科书组学"这一新兴学术领域。借鉴"文化组学"的理念与方法，教科书组学将教科书视为学校课程文化的有机载体，其中的"话语"被视为课程文化的遗传密码。通过分析教科书文本中"话语基因"的数量、内涵与变迁，研究者能够揭示学校制度与课程文化的发展趋势。依托日益完备的开放教科书大数据，分析"话语基因"与词频，研究者将收获前所未有的理论洞见与学科知识，从宏观角度与新颖视角精准把握教科书研究的核心议题。

大数据时代的教科书研究范式转型，要求我们跨越传统研究的边界，构建跨学科的理论体系，探索创新的研究领域，以期在复杂多变的教育环境中，为教科书研究注入新的活力。

第四节　创新大数据教育评价体系

一、大数据时代下高校教学质量评价体系构建的方法

（一）数据收集

在全面构建的数据库系统支撑下，高等教育机构的管理者肩负着一项重要使命：系统地收集并整合反映学生和教师动态及心态的数据，旨在深入理解教育生态，优化教学质量和评估机制。针对学生群体，数据采集范围广泛，涵盖学业表现的多个维度，如课程选择偏好、在线学习资源的利用效率、作业提交的及时性、职业规划的成熟度，

乃至毕业生的职业去向统计，这些信息共同描绘出学生学习经历的全貌。同时，针对教职员工，数据聚焦于科研产出，包括论文发表的频次与质量、学术职称的晋升历程，以及教师在线互动的活跃度和知识检索行为，这些指标反映了教师的专业发展轨迹和教学投入度。

通过精心设计的数据分类与综合分析，教育决策者得以洞悉教育过程中的隐形价值，识别教学实践中的优势与不足，为定制化教学策略、个性化学习路径以及师资队伍建设提供有力的数据支持。此外，数据驱动的洞察还能助力高校构建更加精准的学生支持体系和教师发展计划，确保教育资源的有效配置，进而提升整体教育水平和竞争力。

高效的数据管理与分析能力已成为现代高等教育不可忽视的关键要素，它不仅有助于深化对教育现象的理解，更能在教学质量改进、学生发展指导和教师专业成长等方面发挥重要作用，推动高等教育体系向更加智慧化、个性化和高质量的方向迈进。

（二）数据存储

在数据采集阶段圆满结束后，平台管理员面临着一个至关重要的任务——对海量信息进行细致分类与高效存储，以确保其准确无误且即时可用。这一过程涉及多重精细操作，包括内容解析、语义分析与量化统计，每一步都旨在提炼数据精华，剔除冗余，保障数据集的纯净与实用。

内容解析侧重于理解数据背后的深层含义，通过剖析文本、数字与模式，揭示信息的核心价值；语义分析则深入语言结构，捕捉数据间的隐含联系，为后续的关联性研究奠定基础；统计法则运用数学手段，归纳总结数据特征，量化趋势与规律，为决策提供坚实的证据支撑。

在数据迁移至存储库的过程中，真伪甄别成为关键环节。管理员需采用严谨的验证流程，筛除不实、过时或重复的条目，确保留存数据的真实可靠。此外，模块化管理策略的实施，不仅便于数据的分类与检索，还大大简化了未来可能的更新与共享流程，强化了数据管理系统的灵活性与扩展性。

数据处理与存储是一项系统工程，要求管理员具备高度的专业素养与创新思维，通过科学的方法论与先进的技术手段，实现数据的深度挖掘与高效管理，最终服务于组织的持续发展与优化升级。

（三）构建科学的高校教学质量评价体系

在大数据驱动的时代背景下，高校欲构建全面的教学质量评价体系，需聚焦于教学目标、过程及主体三大核心维度。构建目标评估框架时，应依托过往表现结果，诸如学生专业课程的期末考核成绩、教师试卷评析、学科竞赛荣誉及职业规划倾向等数据，作为评价基准。此过程需跨专业师资协同作业，详尽记录学子学习历程、心理动态及师生交流状况，汇编成档，录入数据库，由专业团队进行分析与归整。

主体评价机制则侧重于学生视角，结合同侪与教育专家对教学实践的反馈，持续审视并革新教育成效，激发创新教学模式与策略，进而促进教育品质精进。高校在搭建教学质量评价体系时，应与时俱进，运用大数据管理方案，系统性搜集与保存各类评估指标，以此提炼指导性见解，不仅充实教师教学素材，亦催化新型教育理念萌芽，优化评价产出，最终达成人才资源管理水平的跃升。

整个评价体系的设计与执行，强调数据驱动决策，确保教学活动的精准度与实效性，同时兼顾教育者与学习者的双向反馈，推动高校教育体系的持续优化与革新。

二、大数据时代下构建高等教育评价体系的意义

（一）转变高等教育评价理念

大数据的兴起正引领高等教育评价体系从经验主导迈向数据驱动的新纪元。传统上，高等教育评估深受专家判断影响，难免带有主观色彩且缺乏统一价值导向，其一刀切的评价标准难以适应不同地域、类型高校的多样化发展需求与特色定位，导致教育成效衡量的精准度大打折扣。在微观层面，高校内部的教学与科研人员长期以来依靠个人经验来解读评价结果，这不仅限制了对问题本质的洞察深度，也使得一些至关重要的评估指标被忽视，未能在体系中获得应有的重视。

借助大数据的力量，高等教育评价正逐步实现质的飞跃。通过对海量办学数据的深度挖掘，不仅能精细描绘出各要素的鲜明特性，还能揭示隐藏在数据背后的复杂关联，从而准确定位制约发展的症结所在。这种基于数据的评价方式，促使高校管理者与教育工作者更加注重数据的采集与分析，形成一种以数据为导向、以质量为核心的文化氛围，推动高等教育向着更加科学、高效的方向迈进。

在这一过程中，大数据不仅提供了客观的量化标准，还促进了评价方法的多元化与灵活性，使高等教育评估更加贴近实际，服务于个性化与差异化的发展路径，进而全面提升高校教育质量与竞争力。

（二）拓宽评价的视野

在传统的高等教育评价框架下，数据的应用主要聚焦于学业成绩、课程品质及毕业生就业状况等可量化的领域，生成的报告通常呈现为一系列描述性的数据点。然而，当涉及学生的综合素养培育、学科体系建设以及校园文化的营造时，传统评价手段显得力不从心，往往仅能通过列举教育活动的实施情况来进行粗略概述，缺乏对学生发展具体影响的深入剖析。此外，这些报告倾向于罗列客观数据，却鲜少探究数据背后的原因，欠缺对数据情境的深刻解读。

引入大数据技术，高等教育评价的视野得以显著拓宽。它能够融合学习过程中的多元数据，包括但不限于课堂互动、在线学习行为、学术研究参与度等，构建一个全方位的教育证据链。基于大数据的评价系统，不再局限于表面现象，而是能够创建精细的分析模型，帮助教育者理解影响教育质量的多层次因素。这样一来，高校管理层、教师乃至学生本身，都能基于详尽的数据分析，对教育质量有更全面的认识，并据此做出更为精准的决策，优化教学活动，从而有效提升教学质量，充分发挥评价机制对教学改进的引导功能。

（三）丰富教育评价参与主体

评价主体的多样性与评价标准的丰富性紧密相连，多元化的评价视角能够充实评价体系，构建一个更加健康、全面的高等教育监管生态。这不仅促使高校遵循学生个性化成长的需求，同时也确保了教育活动与公共福祉保持一致，是现代高等教育质量评估不可逆转的发展潮流。以往，高校自身与在校学生构成了评价的核心，由校方主导设定的评价准则往往限定了数据解析的维度，而学生作为评价参与者的作用被边缘化。学生反馈主要用于微调教学策略，仅作为校内参考，难以成为外界评判高校质量的依据。

在大数据驱动的时代背景下，高等教育评价体系正经历着一场深刻的变革，借助互联网技术，实现了数据的无缝链接与广泛共享，为各类相关方提供了便捷的参与渠道。教师、学生、家长、雇主、社区组织、高校资助者等均可成为评价过程的活跃成员，从各自独特的视角提出见解，此举极大地增强了评价体系的透明度与包容性，有助于规避传统评价模式下指标设定与评估结果相互依存、自我循环的局限性。这样的转型，使得高等教育评价更加公正、全面，能够真实反映教育成效，推动高校不断优化教育质量，满足社会多元需求。

（四）推动教育决策的科学化

大数据为科学教育决策提供了坚实的实证基础，它赋能决策者以翔实的量化信息，催生出数据导向的决策框架。在教育领域，尤其是关乎学科架构、学位项目规划、教育方针制定及招生策略调整等关键决策点，其影响深远且持久，直接关系到全体学子的成长轨迹与院校的战略方向。以往的评估方式往往缺乏前瞻性的修正机制。评价体系通常根植于过往教育实践，主要聚焦于教学过程的表象，难以捕捉瞬息万变的内外环境动态，即便高等教育格局日新月异，一些评估依旧固守成规。

然而，以大数据为根基的决策展现出了前所未有的精准与预见性，它倡导资源的精明分配，最大化教育投入的效益。通过大数据分析工具，不仅能够即时反映教育决策后的实时数据，还能进行历时性数据对照，清晰呈现决策的实效性，有效破解信息壁垒，推动决策的迭代优化。这种闭环式的决策改进机制，旨在系统性地提升高等教育的整体效能，确保教育体系能够灵活响应时代变迁，持续优化人才培养方案，以期达成教育目标与社会需求的高度契合。

三、大数据时代下构建高等教育评价体系的策略

（一）形成教育数据分析方法

在教育领域，运用大数据进行决策支持时，关键在于遵循教育的内在逻辑，将抽象的数据转化为具有实际意义的信息。为此，高等教育机构可以构建一个多维度的数据中心，通过细分不同的分析区域，如办学条件、教学质量、学生表现等，来整合与教育目标紧密相关的各项指标。例如，在评估办学实力时，可以通过分析优势学科的

数量、师生比例、校园设施的完备程度等数据，来全面审视学校的强项与待改进之处。

同时，建立数据间的横向与纵向关联至关重要。横向联系帮助我们理解不同数据集之间的相互作用，如将学生的在线学习反馈、课程参与度和学习成绩相结合，可以揭示影响学习成效的多方面因素。而纵向联系则关注数据随时间的变化趋势，通过识别异常波动，可以及时发现并解决潜在问题，为持续改进提供依据。

在分析过程中，定量与定性分析的结合尤为重要。首先，借助先进的计算模型，可以快速筛选出关键的影响因子，并确立它们之间的层级结构和权重。随后，由跨学科的专家团队进行深度解析，将冷冰冰的数字背后的故事挖掘出来，使之与教育实践紧密结合，从而制定出更具针对性的教学策略。

（二）目标管理与过程监控相结合

在高等教育评价体系的革新中，核心诉求是通过增强评价的准确性与有效性，直接促进教育目标的实现。这一目标的实现，依赖于对教学流程的精细监测与管理，确保每一步都朝着既定的方向前进。大数据分析技术在此扮演着至关重要的角色，它不仅能够实现目标管理和过程监督的无缝对接，还能深度剖析教学活动的每一个环节，确保人才培养的连贯性和系统性。

为了达到这一目的，大学需要采用目标导向的数据收集与分析策略，即将教学目标细分为可衡量的子目标，通过持续的数据采集，实时监测教学进程是否与预期目标保持一致。这种模式打破了传统上仅在学期结束时进行回顾性评价的做法，转而采用全程跟踪的方式，确保评价活动与教学活动同步进行，即时反馈，即时调整。

在获取数据之后，运用大数据挖掘技术提炼出教学过程中的关键信息，这只是第一步。接下来，需要进行"深度解读"，即利用关联分析等高级分析方法，结合教师和教育专家的专业判断，深入理解数据背后的教育现象和学生的学习状态。学期末，将这些过程性数据与既定的教学目标进行比对，评估目标的达成情况，从而为下一阶段的教学计划提供精准的指导。

为了构建一个全面且有效的评价体系，过程性评价与目标性评价不应割裂，而应相互补充，共同描绘出教育活动的完整图景，反映出教育要素间的互动与演化，推动教育实践不断优化升级。

（三）创设数据驱动的考核与反馈机制

运用数据驱动的考核与反馈机制，高等教育机构能有效转化其技术潜能为教育效能，使大数据的内在价值得到充分释放。学校层面，需构建一套以数据为核心、科学合理的考核体系，通过设立常态化的评价机制，针对教职工的工作成效进行细致评估。这一机制需紧密围绕学校内涵式发展的战略目标，将其分解为具体指标，确保每个环节的教育工作都能得到有针对性的改进与优化。

在学生评价上，摒弃以往单纯依赖期末成绩的传统模式，转向综合考量学习过程与成果的全方位评价体系。借助过程性数据，学校能编制翔实的学生发展报告，激励学生在校期间积极进取，平衡理论学习与社会实践，促使学生形成健康的学习态度和自我管理能力。

教学反馈机制的建设同样关键，需确保学校管理层能及时获得精准的教学质量数据，以便做出适时调整。同时，对外部反馈渠道的建立不可或缺，通过定期发布基于大数据的教学监测报告，如教学质量分析、就业市场反馈、学科规模变动等，提高高等教育透明度，让教育主管部门和社会各界对高校运营有清晰了解。向独立评估机构开放部分数据，有助于引入多元视角，推动教育评价体系的完善。

顺应社会对教育成果日益增长的需求，高校应打破孤立评价的旧框框，主动对接社会标准，接受广泛监督。对于关键的教学改革举措，高校应通过专项报告的形式，详细阐述改革路径与成效，依托数据分析揭示教学改进的重点环节，以此为持续提升教育质量奠定坚实基础。

（四）配套应用评价活动改进措施

评价体系依据不同时段收集的评价数据，对比整体评价结果，动态调整评价准则，确保其紧贴实际教学需求。首先，一个合理且适时更新的评价框架，不仅能准确衡量教学成效，还能设定恰当的期望，指导学生发展和科研创新，为提升教育品质指明方向。通过灵活调整评价指标，能够更好地反映教学活动的真实面貌，为教育决策提供有力支撑。

其次，大数据分析模型也应保持动态可调。随着高校运营方式的演变，诸如教学政策、校园环境及技术的变化，会涌现新的变量影响教学效果。因此，大数据评价系统应吸纳这些新兴因素，增强其预测和解释力。同时，对于那些经验证据显示影响力有限的变量，应适当减少其在模型中的比重，以提高整体分析的精准度。

最后，深入理解各子系统间的数据关联，识别核心问题，对宏观评价体系进行优化至关重要。比如，根据来自家长、社区成员及学生的反馈数据，重新审视并调整原先的目标定位与评价方法，使之更加贴近现实需求与社会期望。这种基于数据的迭代改进，能够确保评价体系的持续相关性和有效性，促进教育质量的全面提升。

第三章

大数据技术在高校生活中的应用

第一节　决策树在高校教学中的应用

一、决策树概述

（一）决策树的概念

决策树算法构建了一种层次化的树形结构，用于解决分类和回归问题。它实质上是一种预测模型，能够描绘出属性与结果值之间的关系图谱。决策树的一个显著优势在于它的透明度——即便是在专业背景较为薄弱的学习者手中，也能清晰地理解和解释模型的决策过程。这一特性使得决策树成为一种既强大又直观的工具，在多种应用领域中广泛受到青睐。通过观察树的分支和节点，用户可以轻松跟踪决策路径，了解每个决策点的依据，从而对模型的输出有更深刻的认识。

（二）决策树的优点

首先，相较于其他复杂的方法，决策树构建所需的时间较为经济，这主要得益于其高效的算法设计。

其次，决策树的结构清晰明了，呈现出一种自然的层级分类模式，这种可视化的特点贴合人类的逻辑思维习惯，使得模型易于理解和沟通。

再次，决策树的另一个优点在于其生成的规则集。每条从根节点到叶节点的路径都可以被转化为一组简洁的"IF...THEN"规则，这种表述方式不仅便于解释，也利于将模型的决策逻辑传达给非技术背景的人员。

最后，一旦决策树构建完成，其预测过程极为高效，因为每一次预测都仅需沿着树结构进行有限次数的比较，这个次数上限就是树的深度，这意味着决策树可以快速响应大量数据的分类需求，无须重复训练，展现出卓越的性能和实用性。

二、决策树算法在学生素质分析中的应用

（一）学生素质分析与决策树

随着高等教育体系的转型，从精英化教育逐步过渡至大众化阶段，高等教育的普及意味着更多学子有机会踏入大学校园，尤其是对于二本等普通院校而言，学生群体的扩大对其教育质量和学生素质提出了新的挑战。因此，深入研究这些院校学生的综合素质，不仅是教育领域的重要课题，也是提升社会整体人力资源水平的关键。

传统的经验主义在面对复杂的学生状态和发展趋势时显得力不从心，它难以捕捉到隐藏在庞大教育数据背后的深层规律。为此，采用科学的数据分析手段变得尤为关键。其中，数据挖掘技术，特别是属性导向的归纳法和决策树算法，为学生素质分析提供了强有力的工具。这些方法能够揭示影响普通高校学生表现的关键因素，并形成预测模型，不仅有助于优化教育策略，还能为学生的职业规划提供指导。

在数据挖掘的分类任务中，目标是通过分析一组具有已知类别的样本，提炼出有效的分类规则，进而应用于未知数据的分类。将此原理应用于学生素质分析，意味着通过对现有学生数据集的学习，发现潜在的素质评估模式，再用以评估新入学学生的能力和潜力。决策树作为分类任务的主流解决方案，其构建过程涉及从数据集中归纳出一系列判断规则，最终形成一个决策流程图，一旦构建完成，即可快速且准确地对新数据点进行分类。

运用决策树进行数据挖掘的一般流程包括：首先，进行数据预处理，清洗和整合原始数据；接着，基于预处理后的数据构建决策树模型；随后，从决策树中提取规则，用于进一步的分析和应用。整个过程旨在从纷繁复杂的教育数据中提炼出有价值的信息，为教育决策者和学生个人提供有力的支持。

（二）学生素质分析与数据预处理

在处理大数据时，我们面临的不仅是庞大的数据量，更是数据本身的多样性和复杂性。现实世界的数据往往杂乱无章，充满了不完整的信息、噪声以及与分析目标无关的内容，甚至可能包含错误或误导性的数据。鉴于数据挖掘的产出直接受制于输入数据的质量，确保数据的纯净度和准确性成为挖掘过程中的首要任务。没有高质量的数据，再精妙的分析也难以产生有价值的洞见，这可能导致资源的极大浪费。

因此，在着手分析数据前，对数据进行预处理以剔除噪音、纠正错误、去除冗余，是挖掘大数据潜在价值不可或缺的步骤。尤其如果数据源自数据库系统，这些系统虽然积累了丰富的历史记录，但原始数据的结构和内容可能并不适合直接进行挖掘分析。数据预处理工作的质量直接决定了后续挖掘算法的效率和结果的可靠性。

以学生信息数据库为例，其中可能充斥着大量与素质分析关联性较低的"噪声"数据。为了提高分析的精准度，我们需要运用面向属性的归纳方法进行预处理。该方法的核心在于，首先通过数据库查询定位与分析任务紧密相关的数据集，然后对这些数据中各属性的值进行统计分析，识别出具有代表性的属性值组合。通过属性概化，

我们可以构建出更简洁、通用性更高的数据视图，便于后续的分析和理解。这种处理方式不仅提升了数据的相关性和可读性，也为后续的决策树构建或其他数据分析提供了更加坚实的基础。

1. 属性删除

在数据预处理阶段，尤其是在进行属性概化以简化数据集并提高分析效率的过程中，我们会遇到某些属性具有异常多的唯一值的情况。对于这类属性，如果没有现成的概化操作符来将其归纳至更高层次的概念，或者其表达的含义可以通过数据集中其他属性来替代，那么这个属性就可能成为冗余或低效的信息源。

在这种情况下，明智的做法是从信息表中移除该属性，以降低数据的复杂性并避免不必要的计算开销。这样做不仅可以帮助我们聚焦于更为关键和具有分析价值的特征，还能提升整体数据挖掘流程的性能，确保最终的模型或洞察更加准确和有效。通过剔除非必要且高维的属性，我们能够构建出更加精炼的数据集，进而优化整个数据分析项目的质量和效率。

2. 属性概化

在处理初始工作关系中的数据属性时，如果发现某一属性携带了极其多样的取值，而同时针对这一属性定义了有效的概化操作符，那么采用这些操作符对属性进行层次上的抽象归纳是十分必要的。概化操作符的存在，意味着我们可以将该属性的大量不同取值映射到一个更高级别的、更通用的类别上，这样不仅能够显著降低数据的维度，还能够揭示隐藏在具体细节之下的模式和趋势。

因此，在这种情形下，合理的选择是应用相应的概化操作符，将属性的取值归纳到更高的概念层面。这一步骤有助于简化数据分析过程，使得后续的统计分析或机器学习算法能够在更清晰、更简洁的数据结构上运行，从而提高模型的训练效率和预测准确性。概化操作不仅能减轻计算负担，还能促进对数据本质的理解，为决策制定提供更加坚实的基础。

3. 相关分析

为了优化建模过程并提升预测性能，相关分析扮演着关键角色，其核心目标在于两方面：一是剔除输入特征间的冗余信息，避免多重共线性问题，确保每个特征都承载独特且有价值的信息；二是确认输入特征与目标变量间存在实质性的关联，确保所选特征对预测任务具有贡献度。通过实施相关性检验，如计算皮尔逊相关系数、斯皮尔曼等级相关系数等统计量，可以量化特征间以及特征与响应变量间的线性和非线性关系强度，进而指导特征选择。

在某些情况下，基于领域知识或逻辑推理，我们能直观地预见某些属性与输出结果的相关性，这种先验理解同样重要，可作为定量分析的补充。结合直观判断与统计验证，能够构建出更为稳健和高效的模型，确保输入变量既精简又具有高度预测能力，最终实现对复杂系统行为的有效预测和解释。

4. 连续型属性概化为区间值

在构建决策树模型的过程中，采用离散型数据能够显著提高算法的运行效率和决策树的构建速度。鉴于此，对于连续型数值特征，通常需要执行离散化步骤，将其转换为类别型数据。这一预处理过程不仅简化了模型的计算复杂度，还可能帮助捕捉到数据中的非线性关系，从而提升模型的预测性能。通过对连续值进行分箱、等宽或等频切割等技术，可以有效地将原始数值映射到有限个区间或类别上，进而加速决策树的生长，并促进模型在大数据集上的高效训练与应用。

5. 学生素质类别

在评估学生素质这一决策属性时，综合考量了来自中队、学生工作部及学院的反馈意见，并且融入了选培办的考核结果，最终将学生的综合素质评定细分为三个等级：优秀、合格与基本合格。这一分类体系旨在全面反映学生的表现水平，确保评价的公正性和准确性。

（三）学生素质分析与决策树规则提取和应用

构建决策树后，我们通过遍历其结构，即从根节点至各个叶节点的路径，解析出一系列明确的规则表达式。这些路径揭示了数据中的潜在模式，整个决策树因此成为一套规则集合。进一步精炼这套规则，我们筛选出最相关和最具解释力的子集，这一过程确保了最终规则集的精简与高效，便于后续存储和应用。

深入分析后发现，英语能力尤其突出，表现为通过全国大学英语四、六级考试的学生，普遍展现出较高的综合素质。这一观察与选培办以往的经验和高等教育机构强调英语教育的现状相一致，证实了英语成绩作为重要评估指标的有效性。

值得注意的是，决策树分析并未凸显学生来源地区对学生素质有显著影响，这意味着在人才选拔时，地域背景不应成为决定性因素。有了这一成熟模型，我们能够对新入学或待加入的学生进行精准分类，依据预测结果采取定制化的教育策略，或作为选拔流程中的关键参考，从而优化资源配置和提升整体教育质量。

三、决策树分类技术在高校教学信息挖掘中的应用

（一）高校决策树分类技术对提高教育质量的意义

随着高等教育规模的迅速扩张，学生数量激增，这不仅对学校的行政管理和教学质量提出了更高要求，也促使传统管理方式面临转型。数据挖掘作为一种先进的决策辅助工具，它超越了表面的数据整理，深入挖掘信息背后的价值，为教学管理提供了新的视角。将分类算法等数据挖掘技术融入教育领域，能够揭示考试成绩与诸多变量间错综复杂的关联，这种洞察力对于优化教育资源配置至关重要。

鉴于数据挖掘技术的日益完善及其应用范围的持续拓宽，许多高等教育机构的研究者正积极探索其在教育评估、学生表现分析以及考试系统优化等方面的潜力。通过细致入微的数据分析，可以提炼出有价值的见解，为教学改革和管理创新指明方向，进而显著提升教育质量和效率。传统上，海量教学数据的分析依赖于数据库查询，而引入数据挖掘技术则能将繁杂的数据转化为易于理解且实用的分类规则，助力教育工作者做出更加精准的决策，推动教育事业迈向更高水平。

数据挖掘在教育领域的应用，不仅是技术上的革新，更是教育理念的一次升级。

它帮助教育者从被动的数据接收者转变为积极的知识探索者，使得教育过程更加科学化、个性化，为培养未来社会所需的人才奠定了坚实的基础。

1. 决策树分类技术使教育行为更具科学性

革新教育策略时，科学决策扮演着核心角色。传统上，决策制定往往基于直观观察与单一教育理论框架下的分析，这一过程可能涉及对有限统计数据的解读或特定样本的短期实验结果，但这样的方法存在局限性，容易导致偏见或片面结论。

数据挖掘的引入为教育决策开辟了一条更为严谨的道路。通过对过往数据的深度剖析，数据挖掘能揭示潜在的模式与趋势，为决策者提供基于实证的洞见。这种方法超越了直觉和假设，转而依靠历史数据中固有的关联规则来指导行动，确保教育政策和实践策略的制定更加合理且有效。

数据挖掘技术的应用，让教育管理者能够从庞杂的信息中抽丝剥茧，识别出影响学生学习成效的关键因素，比如教学方法、学习环境或是个人背景差异。基于这些洞察，教育决策不再仅仅是理论推导或经验主义的产物，而是建立在广泛数据支持之上的科学选择。这样一来，教育体系能够更加灵活地应对变化，持续优化资源配置，促进公平与效率，为学生创造更加个性化的学习体验。

2. 决策树分类技术指导课程设置

当前，许多高等教育机构普遍提供了面向高年级学生的就业指导课程，旨在增强毕业生的职业竞争力。然而，这类课程常以大范围的学生群体为对象，缺乏个性化关注，未能充分考虑到每位学生独特的背景与职业规划需求。为了提升课程的相关性和实效性，利用数据挖掘技术分析学生的历史数据成为一种创新途径。

通过对学生的专业兴趣、学习成绩、实习经历、技能证书以及行业倾向等多维度信息的综合分析，可以发现隐藏的学生细分群体特征。基于此，高校能够设计出更加精准的课程模块，满足不同学生群体的具体需求。例如，为那些倾向于创业的学生提供商业计划书撰写与市场分析的培训，或者为追求科研的学生强化学术写作与项目管理能力的培养。

这种定制化教育方案不仅能够提高学生的参与度和满意度，还能显著增强其在就业市场的适应力。通过实施数据驱动的课程调整，大学不仅是在传授知识，更是在培养学生解决现实世界问题的能力，帮助他们在职场中更好地定位，从而实现个人职业生涯的有效规划与发展。

3. 决策树分类技术作为课程安排的依据

传统的课程体系构建往往侧重于确保每门课程的知识点能作为后续高级课程的基石，但这种方法可能忽略了跨学科知识的整合与连贯性，导致相关课程在时间上分散，影响了学习的系统性和效率。为了解决这一问题，采用数据分析方法来揭示课程间的潜在联系变得尤为重要。

通过深入分析学生的学习轨迹和成绩反馈，教育工作者可以识别出哪些课程在概念上相互支撑，哪些技能训练能够互补。基于这些洞察，学校可以重新规划课程表，使关联性强的课程在时间上紧密相连，形成知识链，而非孤立的片段。比如，可以安排数学建模课程紧跟在统计学之后，以便学生能即时将新学到的统计原理应用到更复杂的建模场景中，强化理解并促进技能迁移。

此外，优化课程顺序还应考虑学生的认知发展和兴趣变化，确保课程难度和深度的平滑过渡，避免出现陡峭的学习曲线。这样一来，不仅能提高教学质量和学生的学习体验，还能激发学生对学科交叉领域的探索热情，培养复合型人才，更好地适应未来社会的需求。通过这种方式，教育系统能够更加灵活地响应学术进步和行业趋势，为学生提供更加连贯且富有成效的学习旅程。

4. 决策树分类技术改进和完善教育科研

教育科学作为社会科学的一个分支，虽具备其独特的领域特性，但在研究方法上却存在一些局限。传统上，教育科学领域更倾向于理论探讨和定性分析，而相对忽视了实证研究的重要性，尤其是大规模的实验验证和量化数据的运用。这往往导致研究成果缺乏坚实的实证基础，难以在实际教育情境中得到有效应用。

为了弥补这一缺憾，教育科研界正在积极探索借鉴工程技术科学中的研究范式，特别是数据挖掘技术的应用。数据挖掘能够从海量的教育数据中提取有价值的信息和模式，为教育决策提供更为客观和量化的依据。通过分析学生表现、教学策略、教育资源分配等方面的数据，教育研究者能够发现隐藏的关联和趋势，从而提出更加精准有效的教育干预措施。

这种转变不仅增强了教育研究的科学性和实用性，也促进了教育政策制定者、教育实践者与研究者之间的沟通合作。数据驱动的教育科研正逐步成为推动教育改革、提升教学质量的关键力量，它有助于构建一个更加公平、高效和个性化的教育体系，满足不断变化的社会需求。通过结合定性与定量分析，教育科学能够实现理论与实践的深度融合，为培养未来的创新人才奠定坚实的基础。

（二）数据挖掘分类技术在高校的应用实施方案

在高等教育机构中，每学期的综合评价不仅是对学术成就的考量，还旨在全面评估学生的综合素质，包括参与社会活动、文化体育活动以及特定学科如英语课上的表现。为了深入理解这些不同维度间的关系，可以采用数据挖掘技术进行分析。具体来说，可以通过以下步骤实施：

①明确挖掘目标：需要定义研究的目的，比如探索学习成绩是否受到社会活动、文体活动或英语成绩的影响。

②数据收集：收集学生情况的相关数据，这包括但不限于学号、性别、各科成绩、排名、参与社会活动及文体活动的程度等信息。

③数据预处理：对收集到的数据进行清洗和转换，确保数据质量，消除不一致和缺失值，以便于后续分析。

④选择挖掘算法：根据数据的特点和挖掘目标，选择合适的算法，如关联规则学习、回归分析或聚类分析等，来揭示潜在的模式和联系。

⑤执行挖掘过程：利用选定的算法对数据集进行分析，提取出有意义的模式和规则。

⑥结果解释与验证：对挖掘出的模式进行解读，确认它们的合理性和实用性，可

能需要进一步的统计测试来验证结果的有效性。

⑦知识应用：将发现的规律应用于教育管理和学生指导中，比如调整课程设置、优化资源分配或设计个性化学习路径，以促进学生全面发展。

通过这样的流程，教育管理者可以获得基于数据的洞察，帮助他们做出更加科学合理的决策，同时也能为学生提供更加个性化和有效的支持。

（三）高校教学信息挖掘系统的特点和应用

1. 高校教学信息挖掘系统的特点

在传统的教育评估体系中，标准化考试往往侧重于衡量学生对知识的记忆和基本技能的掌握，却难以考察学生的实践能力和创新精神，尤其是那些对于未来职业发展和社会适应至关重要的高级思维技巧。随着教育信息化的发展，一种以学生为中心的教育信息挖掘系统正在逐渐形成，其核心特征在于：

①全面评估的价值观：这种系统充分认识到学生基本信息的丰富价值，不仅限于成绩的单一视角，而是通过综合评价来诊断、激励并促进学生的发展，强调成绩之外的多元素质。

②过程与结果并重：它不仅关注最终的学习成果，同样重视学习过程，通过持续的形成性评价，结合学生特征和学习行为，提供即时的反馈和指导，促进学生自我调节学习。

③学生主体性：鼓励学生参与到评价过程中，采用多样化的评价标准和技术手段，增强学生的自我认知和自我改进能力，使评价成为学习的一部分。

④技术赋能：利用计算机网络技术和数据分析，部分评价过程可实现自动化和智能化，减轻教师负担的同时，提升评价的效率和准确性，使得对学生全面素质的深度评价成为可能。

这种以学生为中心的教育信息挖掘系统，能够更全面地反映学生的能力和潜力，为教育者提供深入的洞见，从而更好地支持个性化教学和学生整体成长。

2. 高校教学信息挖掘系统的数据挖掘流程

对教学信息的数据挖掘始于对学习者特性的深入剖析，这一特性涵盖学生的知识架构、当前学习状况以及他们的学习倾向。应用数据挖掘技术，识别并协助学生调整那些可能阻碍他们进步的学习模式，同时在理论层面揭示学习上的盲点。

一个高效的学习者特征分析框架通常包含以下几个核心组件：

①交互式用户界面：这一界面允许学生直接或间接地向数据挖掘系统输入个人信息，包括但不限于学习偏好、现有知识水平等，进而提出具体的分析请求，并直观地查看分析后的反馈。

②数据采集机制：负责收集详尽的学生资料，范围覆盖个人背景、学业成就、兴趣爱好、家庭学习环境、已掌握的知识体系以及综合评估数据，构成全面的学习者画像。

③数据管理和分析引擎：作为系统的核心，该模块负责数据的预处理——清洗、整合与转换，确保数据质量。随后，依据预先设定的数据挖掘算法，对处理后的数据

展开深度分析，提炼出有价值的信息，如潜在的学习障碍及其成因，为定制化教学策略提供科学依据。

这一系列流程旨在构建一个动态、个性化的学习支持系统，通过精准洞察每位学生的学习特质，促进教育效能的全面提升。

第二节 关联规则在高校校务中的应用

一、关联规则概述

关联规则挖掘是数据科学中一项至关重要的技术，它揭示了数据集中不同元素之间的隐性联系，属于描述性模式的一种，其探索性质使其被归类于无监督学习的范畴。这一模式尤其擅长捕捉事物间的内在关联，对数据而言，它能够揭露隐藏在海量交易记录中的商品组合趋势。

在零售行业，传统模式下，管理者仅能掌握单个商品的销售统计数据，而无法洞悉消费者的购买行为全貌。然而，随着现代超市的普及和条形码技术的发展，每一笔交易细节变得可追踪，包括购买日期、商品清单等，为数据分析提供了前所未有的机遇。通过对历史交易数据的深度挖掘，零售商能够解码消费者的购物习惯，例如，"当顾客选购面包和黄油时，有大概率同时会购买牛奶"。这类规则揭示了商品之间的潜在联系，为营销策略的制定提供了有力支撑，例如捆绑销售、货架布局优化、库存管理以及客户细分。

关联规则的应用远不止于此，它已经渗透到多个领域。在医疗研究中，医生和科研人员通过挖掘病历数据，识别出特定疾病的患者群体共有的特征，为疾病治疗和预防开辟新路径。在执法领域，警方利用关联分析，从复杂线索中抽丝剥茧，锁定犯罪嫌疑人的关键属性，加速案件侦破进程。

面对如此庞杂的数据集，开发高性能的算法以快速准确地提取关联规则成为必然选择。此外，规则的有效性验证、动态更新机制、用户需求导向的挖掘过程、结果的可视化呈现等挑战，也是关联规则挖掘技术持续演进的方向，旨在实现更智能、更人性化的数据分析体验。

二、关联规则的分类

（一）根据关联规则中所处理的值类型分类

1. 布尔型关联规则

当关联规则聚焦于项目是否被包含在事务中时，我们称之为布尔型关联规则，这类规则主要揭示的是离散类别变量之间的关系。一个典型的实例便是，超市的购物篮分析显示，绝大多数选购牛奶的消费者，其购买行为往往也涵盖了面包和奶酪，这表明这几样商品间存在显著的协同购买模式。通过这类洞察，零售商可以优化商品摆放、促销策略或是库存管理，以更好地迎合顾客的购物偏好。

2. 多值型关联规则

当关联规则探讨的是量化项目或特征间的联系时，我们称其为多值型关联规则。这种类型的规则专注于数值属性的动态离散化，即将连续的量度值分割成不同的区间段。例如，在分析客户消费行为时，我们可以发现"高收入群体更倾向于在高端电子产品上花费金钱"，这里，"高收入"和"花费金钱"都是通过对原始数值数据进行区间划分而得到的分类标签。通过识别这些多值型关联，企业能够制定更加精细化的市场细分策略，从而提升营销活动的有效性和针对性。

（二）根据关联规则中涉及的数据维度分类

1. 单维关联规则

在数据挖掘领域，当关联规则聚焦于单一维度或属性上的模式时，我们称之为单维关联规则。这类规则专门揭示了同一属性内部的关联性，即不同值在一个特定的维度上是如何相互联系的。例如，在分析超市销售数据时，发现"购买牛奶的顾客通常也会购买面包"，这个观察结果就是基于"商品种类"这一维度的单维关联规则。通过探索这些维内联系，零售商可以优化货架布局，促进捆绑销售，从而提高销售额和顾客满意度。

2. 多维关联规则

在数据挖掘和知识发现的过程中，当关联规则跨越了两个或更多不同的维度或属性时，这样的规则被称为多维关联规则。这类规则着重于揭示不同维度之间的相互作用与联系。例如，在医疗数据分析中，一个发现是"高血压患者更可能同时患有糖尿病"，这里就涉及了"疾病类型"和"患者健康状况"等多个维度。多维关联规则帮助我们理解复杂数据集中的深层结构，为决策者提供跨领域的洞察，如指导公共卫生政策制定，或是优化个性化医疗方案。

三、关联规则的应用

关联规则挖掘技术最初是为了应对零售业中购物篮分析的挑战而发展起来的，但其影响力和应用范围早已超越了最初的领域。如今，关联规则在多样化的行业和学科中展现出了广泛的应用价值。在商业和金融领域，它被用来识别客户行为模式和预测市场趋势；在人口统计学研究中，它有助于解析复杂的人口结构特征；工程师们则利用它来优化系统性能和故障预测；此外，医疗健康行业通过关联规则挖掘病患数据，以改进诊断流程和治疗方案；政府部门依靠它进行财政规划和宏观决策支持；在电子商务中，它增强了个性化推荐系统的精准度；网站设计者运用它来提升用户体验；通信及互联网公司也从中受益，通过用户活动的关联性分析来优化网络服务和内容分发策略。以下是其几个典型的应用领域。

（一）市场菜篮子分析

洞察消费者的购物偏好和消费模式对零售商制定战略至关重要，这直接影响到商品选择、产品设计、目录编排以及店内布局等关键决策。借助关联规则挖掘，零售商能够解锁消费者行为背后的深层联系，从而更精准地满足市场需求。例如，在现代零售环境中，购物篮分析是一项核心应用，它得益于条形码技术的普及，使得顾客的每一次购买都能被即时记录并存储于庞大的数据库中。通过对这些数据中物品间关联性的深入挖掘，零售商不仅能够发现哪些商品常被一同购买，还能预测未来的消费趋势。基于此类洞见，商家可以优化库存管理，调整营销策略，甚至个性化定制广告推送，以增强顾客满意度和提高销售额，最终实现更加高效的商业运营。

（二）交叉销售

在当今高度竞争的市场环境下，企业认识到维护现有客户基础的价值往往超过了不断拓展新客户的重要性。鉴于许多企业提供的服务与产品线丰富多样，有效地利用手中已有的客户数据进行深度分析，成为提升销售效率的关键策略。尤其是针对已有客户推广他们未曾尝试过的产品或服务，被视为一种迅速增加收入的有效途径。这一营销手法被称为交叉销售，即利用与客户既往交易的洞察，推荐那些能够补充或扩展他们现有消费组合的新商品或服务。面对海量的客户数据库，人工筛选和分析变得不切实际，这时，自动化关联规则挖掘技术便彰显出其不可或缺的作用。这项技术能够从复杂的数据集中提炼出有价值的关联性，帮助企业识别潜在的交叉销售机会，进而优化营销策略，提升客户忠诚度和整体业务表现。

（三）金融服务

关联规则挖掘技术在金融服务领域的应用日益广泛且深刻，安全分析师运用此技术解析海量金融数据，提炼出对投资策略构建至关重要的交易与风险模型；信用卡发行方通过客户数据分析，辨识信用行为模式，以优化信贷服务；股票经纪机构则利用此类挖掘手段洞察股价波动规律。国际上，诸多金融机构正积极采纳这些先进方法来辅助管理决策，例如，信用卡公司、保险企业、证券交易所以及各类银行，它们对防范金融欺诈和犯罪活动极为关注，通过数据挖掘能有效甄别潜在风险，从而规避潜在经济损失。此外，关联规则挖掘亦被看作股票挑选、信用评级、风险资本运作等金融活动的有力工具。

这一技术不仅局限于金融服务，同样对通信、互联网以及电子商务产业产生了深远影响。例如，通信安全专家运用关联规则挖掘来识别网络入侵特征，通过分析路由器记录的信息，掌握黑客攻击手法，强化网络安全防护。在互联网与电商领域，挖掘技术被用来处理庞杂的在线数据，提升搜索引擎效能，依据 Web 内容挖掘结果并改进之；Web 结构挖掘有助于网站架构的优化；而 Web 使用挖掘则让运营者理解用户浏览偏好，定制个性化服务，满足多样化需求。鉴于电子商务与互联网技术的深度融合，关联规则挖掘对推动电商发展的作用显而易见，它能够助力商家精准定位市场，提升用户体验，实现更高效的在线交易。

（四）医疗健康领域

在医疗健康领域，关联规则挖掘展现出了非凡的价值，尤其在疾病诊断、疗效评估、医疗服务优化及医疗过程管理等方面。例如，通过分析大量患者的临床数据，研究者能够发现特定症状与其他并发症状之间的关联性，揭示疾病的复杂表现模式。这种洞察不仅有助于早期识别疾病，还能指导医生制定更加精准的治疗方案，提高诊疗效率和患者预后。此外，关联规则还被应用于药物相互作用分析、手术风险预测、医院资源调度优化等场景，全方位提升医疗服务质量和安全性。医疗行业的数据驱动决策，正得益于关联规则挖掘技术的深度应用，展现出前所未有的精准性和前瞻性。

四、关联规则在高校科研评价中的应用

（一）高校科研评价概述

高校科研评价体系构成了高等教育科研活动的基石，它集成了科研成果考评、科研项目管理、重点学科培育及学科领军人物培养等一系列制度框架，共同编织出一张全面覆盖科研生态的网络。这一体系不仅是科研成果质量的评判标准，更延伸至科研项目的生命周期管理、优势学科的战略布局以及科研人才的梯队建设，扮演着科研生态系统中的指挥棒角色。

科研评价体系的健全与优化，对于高校科研实力的提升、核心竞争力的锻造至关重要。它如同一面镜子，映照出学校科研活动的现状与趋势，为科研规划与资源配置提供决策依据。在国内，科研成果考核制度作为科研评价体系的核心环节，普遍采用了量化评估方式，旨在客观公正地衡量科研产出的质与量。这一制度的实施，催生了一大批原创性科研成果，其中不乏成功转化的案例，为经济社会发展注入了创新动能，同时也加速了我国科研水平与国际前沿的接轨，构建起与国情相适应、与国际接轨的科研评价机制，推动国内高校科研事业迈向新的高度。

（二）高校科研引入数据挖掘的必要性

伴随着计算机与网络技术的日新月异，科研管理系统的数据处理能力得到了显著增强，包括数据存储、检索、统计分析及报表生成在内的基础功能得到了有效提升，基本满足了科研管理日常需求。然而，当前科研管理系统的数据分析能力仍处于初级阶段，难以充分发挥海量科研数据的潜在价值。鉴于此，引入数据挖掘技术成为提升高校科研管理水平的关键策略，它能够从纷繁复杂的科研评价数据中提炼出有价值的信息，为决策者提供客观、科学、全面的参考依据，进而优化科研资源配置，促进学术创新与科技发展。

数据挖掘被视为破解"数据富矿、知识贫瘠"难题的利器，其核心在于从数据库中发掘隐匿的、新颖的、有实用价值的信息，被誉为数据库领域的一大创新。其中，关联规则挖掘作为数据挖掘领域的重要分支，擅长从评价数据中挖掘出深层次的关联性知识，对高校发展方向及未来趋势进行精确的分析与预测。通过应用数据挖掘技术，高校管理者能够获得更加科学的决策依据，精准施策，强化科研管理与学术建设，有效提升学术创新与科技转化能力，更好地服务于社会发展需求。

通过对现有科研管理系统的功能剖析，我们发现尽管多数系统能够胜任数据录入、

修改、统计、查询及报表生成等常规任务，但在数据分析领域却显得捉襟见肘。即便是具备一定分析功能的系统，其分析深度和灵活性也相当有限，难以满足科研管理日益增长的精细化需求。

第三节　人工神经网络在高校中的应用

一、人工神经网络原理及特性

人工神经网络（Artificial Neural Network，ANN）是一种模仿生物神经系统结构和功能的计算模型，旨在通过数学运算来模拟人脑的神经元及其相互间的复杂连接，从而实现对信息的高效处理。这种模型由大量的处理单元（或称节点）组成，这些单元通过权重连接，形成了一个高度非线性、自适应的信息处理系统。ANN能够通过类似大脑的学习机制，即通过不断调整节点间连接的权重，来执行各种任务，如分类、识别、预测等。

人工神经网络的核心优势在于其强大的自学习能力和对不确定性的容忍度。它们能够从大量的历史数据中自动提取特征，即使在数据存在噪声或部分缺失的情况下，也能输出较为准确的结果。通过"训练"，即利用已知输入和输出的数据集，ANN可以调整其内部参数，以最小化预测误差，达到对输入数据的最佳拟合。这种学习过程允许ANN构建起从输入到输出的复杂非线性映射，使它们能够处理涉及多种变量的复杂问题，同时具备较强的泛化能力，即能够对未见过的数据做出合理的预测。

学习算法是神经网络性能的关键，常见的有监督学习、无监督学习和强化学习等。在监督学习中，网络通过比较预测结果与实际目标值，调整连接权重，以减少误差；而在无监督学习中，网络尝试发现数据中的隐藏结构或模式，无须明确的目标指导；强化学习则是在环境中通过奖励或惩罚信号来引导网络行为的优化。无论哪种学习方式，神经网络都能通过调整权重来改进其对环境的理解和响应，从而实现更加智能和灵活的信息处理。

由于上述特性，人工神经网络在预测领域展现出巨大的潜力，特别是在经济预测、市场趋势分析、效益评估等方面。它们能够处理大量历史数据，从中挖掘出潜在的规律，为决策制定提供有力的支持。随着算法的不断进步和计算资源的日益丰富，人工神经网络的应用领域将持续扩展，其在预测和其他人工智能领域的贡献也将变得越来越重要。

二、人工神经网络在大学生贫困信息系统中的应用

大学生贫困信息系统的构建，旨在通过多维度的数据分析，综合考量学生的实际家庭经济状况，以更科学、公正的方式评定贫困生的资助资格。该系统突破了仅凭贫困证明材料判断的局限，将学生的日常生活消费习惯、家庭成员健康状况、父母就业情况以及家庭社会背景等因素纳入考量范围，每一项评估指标都被赋予了相应的权重，

确保了贫困认定的全面性和准确性。

系统的核心架构基于成熟的 BP 神经网络模型，由输入层、隐含层和输出层组成。输入层负责收集学生的个人信息，包括但不限于家庭收入、家庭成员状况等。隐含层则扮演着信息处理和分析的角色，它不仅对输入的样本数据进行预处理，还通过复杂的神经元连接和权重调整，对数据进行深度学习和模式识别。值得注意的是，学生的学习成绩、德育操行等非经济因素也被纳入隐含层的考量之中，反映了综合素质在资助评定中的重要性。经过隐含层的深度加工，数据被转化为更高级的特征表示，再通过输出层转化为具体的贫困程度分类，如特困、贫困、一般贫困或不贫困。

整个系统设计中，隐含层的复杂计算和权重分配机制是关键，它不仅需要处理大量异构数据，还要能够学习和适应不同情境下的贫困标准变化，确保输出结果的准确性和时效性。通过这一过程，系统能够综合各种影响因素，提供与学生家庭真实经济状况相符的贫困程度评估，为精准资助政策的制定和实施提供数据支持，确保教育资源的公平分配。

（一）贫困程度的评定

在大学生贫困信息系统的框架下，助学金的申请与审批流程得到了优化，确保资金能够精准地流向真正需要帮助的学生。系统要求申请者在登录后详细填写个人及家庭信息，包括但不限于日常消费水平、学业成绩、入学年份、家庭结构（如是否为单亲家庭）、父母年龄、健康状况、职业以及年收入等关键数据。这些信息的全面收集，为系统提供了多角度评估学生贫困状况的基础。

系统进一步整合了学生在校期间的班主任评语、操行表现等软性指标，力求构建一个全面反映学生生活与学习状态的立体画像。通过综合分析硬性经济数据与软性个人特质，系统能够更准确地评价学生的实际需求。

在贫困程度的评定过程中，系统首先会对申请者信息与贫困生案例库中的数据进行匹配分析。若发现高度相似的案例，系统将直接参照过往评定结果，快速确定申请者的贫困等级，大大提高了审批效率。而对于那些情况较为独特，难以直接匹配的申请，系统则会调动其内置的人工神经网络模型，通过复杂的权重计算与模式识别，对学生的贫困状况进行深度推理，最终输出一个客观、公正的贫困等级评定，确保每一份助学金都能精准投向最需要援助的学生，助力他们顺利完成学业。

（二）贫困生信息系统构建

为了确保高校助学金能够精准地惠及真正需要帮助的家庭经济困难的学生，我们设计并搭建了一套基于人工神经网络的高校贫困生信息系统。此系统的核心在于庞大的贫困生案例库，它不仅存储着丰富的历史数据，还内嵌了复杂的知识规则，这些规则在人工神经网络的学习和自我优化过程中扮演着至关重要的角色。通过持续训练，网络能够从已有的案例中提炼出贫困特征，进而对新申请者的贫困程度进行准确判断，确保每位家庭经济困难的大学生都能得到合理的资助额度，满足其基本的学习与生活需求。

系统采用 Java 语言进行开发，具备高度的灵活性与可扩展性。它主要由两大部分组成：一是面向学生的申请平台，设有信息录入、结果查询、在线帮助等功能，便于学生直观了解申请进度及结果；二是专为管理员设计的操作平台，涵盖了学生信息维护、班主任评语管理、贫困评定标准调整、评定结果审核等模块，确保整个评定流程的透明度与公平性。管理员不仅能够访问贫困生案例库，进行案例更新，还能向知识库添加新的推理规则，这使得系统能够随着时间和数据的积累而不断完善，提升贫困信息处理的精确度。

知识库的构建依托人工神经网络的智能特性，它具备自我学习与适应的能力，这意味着未来的贫困生信息管理将更加智能化、个性化。随着数据的丰富和算法的优化，系统将能够更加精准地识别贫困生的真实状况，为他们提供更加贴心、有效的经济援助，帮助他们克服经济困难，专注于学业发展。

三、神经网络算法在大学生综合素质评价中的应用

（一）素质教育的实施情况

实施素质教育旨在遵循教育的本质与规律，同时响应 21 世纪对创新人才的需求，这一教育模式激发了学生个体的主动性和创造力，促进了学生个性、素质以及学术成绩的全面发展与提升。为了综合反映大学生的全面素质，众多高等教育机构推行了大学生综合素质评价体系，该体系的评价结果不仅是评判学生是否符合毕业资格的关键指标，而且为学生未来就业提供了有力的参考依据。

综合素质评价体系覆盖了公民道德素养、学习态度与能力、实践与创新能力、运动与健康习惯、审美与艺术表现五大核心维度，每个维度下设具体的评价要素，形成了多层次的评价框架。在评价过程中，学生的日常行为表现和提供的关键实证材料成为评估的重要依据，强调了评价的真实性与客观性。学生需提交与评价维度相关的关键表现实例，并附上相应的实证材料，如项目报告、竞赛证书、志愿服务记录等，所有材料需严格遵守诚实守信的原则。

评价过程中，教师和评价小组会仔细分析与审核学生的实证材料，确保评价结果的全面性和准确性，防止片面信息导致的误判。当评价小组内部出现显著分歧时，问题将被提交至学校评价工作委员会，通过更广泛的调查和深入讨论来达成共识。学校鼓励班主任建立健全的学生成长记录档案，细致记录学生的学习与成长历程，运用过程性评价来激发学生的潜能，促进其全面发展。

1. 具体工作程序

学校实施的大学生综合素质评价流程包括以下环节，旨在确保评价的系统性、公平性和全面性。

①学校设定统一的评价时间节点，并集中组织评价活动，保证评价工作的同步与协调。

②引导学生进行自我评价，促使他们反思自己的行为、成就及待改进之处，增强自我认知。

③组织同学间互评，借助同伴的视角来获得多元化的反馈，有助于学生了解他人如何看待自己，促进社交技能和个人责任感的提升。

④班级综合素质评价工作小组将通过集体讨论的形式，基于学生自评和互评的结果，结合学生在校期间的表现，给出客观、公正的综合素质等级评定，并撰写综合性描述，力求全面反映学生的特点和进步。

⑤学校层面的综合素质评价工作领导小组全程监督评价进程，确保评价标准的一致性和程序的公正性，特别是对于毕业班学生的评价结果，领导小组将进行复核，保障评价结果的准确性和权威性。

大学毕业生综合素质评价的结果包括两部分：综合性评语和评定等级。

（1）综合性评语

综合性评语在学生评价体系中扮演着核心角色，它不仅仅是一份简单的成绩报告，而是对学生整体素质、成长历程、个人特质及发展潜力的全面描述与肯定。评语旨在捕捉学生的独特性，强调其在德智体美劳各方面的发展情况，以及他们在学习、社交、情感和技能上的进步与成就。通过细致入微的观察与分析，评语能够反映出学生在学习态度、团队协作、创新思维、领导力、社会责任感等方面的亮点，同时指出其有待提升的领域，为学生未来的学习与个人成长提供指导和激励。这种全面而深刻的评价方式，有助于学生建立自信，明确发展方向，同时也为家长、教师和学校提供了宝贵的信息，共同促进学生的全面发展。

（2）评定等级

在大学生综合素质评价体系中，公民道德素养的评价结果划分为 A、B 两个等级，其中 A 等级并无比例限制，意在鼓励和认可所有展现出高尚道德品质的学生。而对于学习态度与能力、实践与创新、运动与健康、审美与表现这四个方面的评价，结果则细分为 A、B、C、D 四个等级，以体现更细致的差异化评价。值得注意的是，为了保持评价的高标准与竞争性，各学校在评定这四个方面 A 等级的比例时，不得超过本校毕业生总数的40%，旨在确保评价结果的含金量，同时促进学生之间的良性竞争和自我提升。这种分级评价机制，不仅能够全面反映学生的综合素质，还能够激励学生在多个维度上努力发展，追求卓越。

2. 评价结果的使用

①作为大学毕业的主要依据：评价结果综合反映了学生在公民道德素养、学习态度与能力、实践与创新、运动与健康、审美与表现等多个维度上的表现。只有当学生在所有评价维度上至少达到 D 等级，才能证明其全面达到了毕业所需的素质标准，这是顺利毕业的必要条件。

②作为就业单位招聘的重要依据：对于即将步入职场的毕业生而言，综合素质评价结果同样关键。它不仅体现了学生的专业知识和技能，还展现了其个人品质、团队合作能力、创新意识和健康状况等多方面素质，这些都是用人单位在招聘时极为看重的素质。因此，一份优秀的综合素质评价报告，将成为毕业生在求职过程中的重要资本，有助于其在众多应聘者中脱颖而出，赢得理想的工作机会。

3. 成绩分析的作用

对考试成绩及综合素质评价信息的深度分析在现代教育体系中占据核心地位，它不仅是评估学生学术水平和个人发展水平的有效手段，同时也为教育工作者提供了宝贵的教学反馈和管理依据。具体而言，这种分析具备以下几项关键作用，它们共同构成了教育质量持续提升的基石：

①洞察学习成效：通过对成绩数据的细致剖析，教育者能够精准识别学生在特定学科或知识点上的掌握程度，进而揭示影响学习成绩的潜在因素，如学习习惯、教学方法、家庭环境等。这有助于进行有针对性的辅导计划制订，促进学生全面发展。

②优化教学策略：基于数据分析的结果，教师可以及时调整课程内容和教学模式，确保教学活动更加贴近学生实际需求，提高课堂互动性和教学效率。同时，数据驱动的决策支持个性化教育，使每位学生都能获得最契合自身特点的教育资源。

③强化教学管理：管理层可借助成绩与评价信息的综合分析，监控教学质量，评估教学改革效果，并据此制定更为科学合理的教育政策。此外，透明的数据报告有助于构建家校沟通桥梁，让家长更深入地参与孩子成长过程，形成教育合力。

（二）神经网络算法应用步骤

1. 数据的采集

（1）学生成绩

大学入学成绩，作为一种关键的学术指标，可全面而深刻地映射出高中生的学习态度、知识掌握程度以及解决问题的能力。这一成绩不仅汇总了学生高中阶段长期努力的成果，也间接体现了其学习习惯的优劣和个人潜力的高低。它的重要性在于，高校招生时会以此为依据之一，评估申请者的学术准备度和未来学术潜力，从而做出录取决策。

（2）学生学习行为习惯调查表

学生成绩受多种因素综合影响，其中包括课前是否进行了充分的预习，这有助于学生更好地理解课堂内容；上课时能否集中注意力听讲，直接影响到信息的接收和处理效率；作业完成的质量和及时性，反映学生对所学知识的掌握程度；课后的复习时间确保了知识的巩固和深化；课堂上有效做笔记的习惯能够促进记忆和复习；此外，每周参加课外辅导的情况也可能增强学生对难点的理解和把握，所有这些因素共同作用，塑造了学生的学习成效和最终的成绩表现。

（3）综合素质评价数据

由学生自评、互评、教师评定以及会考成绩四部分综合而成的评价体系，展示了一个全面且多角度的评估框架。这种综合评价方法通过不同来源的数据交叉验证，能够更准确地反映学生的实际学习状况，提升数据的真实性和可信度，因此具备较高的参考价值。多个评价维度涵盖了学习过程中的关键方面，确保评估的全面性，而学生与教师共同参与的上机录入过程进一步增强了数据的准确性与客观性。这种设计有利于形成公正、透明的评价机制，对学生的学习进步和教师的教学质量都有积极的促进作用。

2. 数据的预处理

在分析学生学业表现与综合素质评价的关联性时，选取了对高考成绩影响最为显著的三门主干课程，分别为文科的大学语文、英语、马克思主义理论，以及理科的高等数学、英语、大学物理。每门课程满分均为 100 分，将这三门课程的成绩总和作为分析条件之一，总分范围设定在 0 至 300 分。为消除数据量纲带来的影响，采用归一化处理，将成绩总和的取值范围压缩至 0 至 3 的标准化区间，从而确保不同科目之间的成绩比较更加公平和直观。

综合素质评价则从公民道德素养、学习态度与能力、实践与创新、运动与健康、审美与表现五个维度展开，评价结果不采用具体分值，而是通过 A、B、C、D 四个等级来区分，其中 A 代表最优，D 则表示不合格。考虑到大学生公民道德素养普遍较高，评价结果多集中在 A 等级，故在本次试验中未将其计入分析，以减少不必要的数据冗余。其余四个维度的评价结果中，D 等级的出现频率较低，因此在分析时，仅保留了 A、B、C 三个等级。为了平衡各等级在统计分析中的权重，采用归一化策略，设定 A 等级为 1，B 等级为 0.5，C 等级为 0，以此来确保不同等级评价在综合分析中的权重一致，从而更准确地反映学生综合素质的实际水平。

3. 实验过程与结果

交叉覆盖算法在实验中的应用，实质上是对神经网络算法的一种创新性延伸。不同于传统神经网络可能面临的局部最优陷阱，交叉覆盖算法通过生成一组覆盖集合，即相当于神经网络中的隐藏层神经元，来实现对输入样本的高效分类。在这个过程中，输入样本的维度与神经网络的输入层相对应，而最终的分类结果则映射到输出层。

算法的执行逻辑如下：首先，在每类样本集中随机选取一个初始点作为覆盖的起点，然后通过迭代计算，不断寻找能够最大限度覆盖同类样本的区域，同时调整覆盖中心的位置，以期达到最优覆盖效果。这一过程涉及求解最大覆盖范围和调整覆盖中心坐标，直至获取每类样本的最佳覆盖率。在所有类别中，选取覆盖范围最大的作为初始覆盖点，以此作为后续识别的基础。

在识别新样本时，算法采用就近原则，即根据样本点与各类别覆盖中心的距离来决定其所属类别。当一个样本点可能同时位于多个类别的覆盖范围内时，算法将以样本点到各覆盖中心的欧氏距离为判断依据，将其分类为距离最近的覆盖类别。通常情况下，算法会直接依据样本实际落入的覆盖类别进行分类，除非遇到边界情况，即样本点几乎同时处于多个覆盖边缘，此时距离成为决定性的分类标准。

第四章

大数据时代高校教学模式和教学平台构建

第一节　大数据在高校教育信息化建设中的应用基础

一、高校中的大数据

（一）高校中的数据源

高校作为知识的殿堂，不仅是学术研究的重镇，也是数据生成的热点。随着我国教育信息化步伐的加快，从人事管理、教学质量监控到财务运作，乃至师生在社交平台上的互动和校园内的移动轨迹，每一环节都产生了丰富且多样的数据集。这些数据包括但不限于部门常规业务的数字记录、在线教育资源的多媒体文件、社交媒体上的用户生成内容，以及由校园无线网络捕捉的位置信息。

教育信息化的深化不仅意味着数据量的激增，更为重要的是，它开启了挖掘数据价值的新纪元。对于高校而言，这些数据不再是简单的档案，而是蕴藏着巨大潜力的资产。通过运用大数据分析技术，高校能够透视教育流程的各个环节，如课堂教学、学生成绩追踪、职业规划指导等，从而为教育模式的革新提供数据驱动的洞察与建议。此外，通过对学生图书借阅记录和课程选择偏好的分析，学校能够更准确地理解学生兴趣所在，进而优化资源配置，提升个性化教学体验。

在当今这个信息时代，数据就是竞争力的体现，大数据技术的应用正逐渐成为推动高校教育信息化进程的关键力量。高校可以通过建立数据分析平台，整合并分析这些数据，以实现教育决策的科学化、精细化，提升教育质量与效率，促进教育公平，同时也为高校的战略规划和创新发展开辟新的路径。

（二）高校中大数据的特点

人们对大数据的聚焦往往过度强调其"海量"特性，却容易忽视一个核心挑战：原始数据的碎片化导致了数据价值的稀释。这一问题在高校环境中尤为显著，无论是围绕师资队伍建设还是学生事务管理，所产生的数据都呈现出零散分布的状态。加之大数据的另一关键特征——持续性，即数据的累积是一个长期且不间断的过程，这要求对校园内的科研、教学及行政活动进行统计分析时，应当基于长期数据而非短期快照，因为后者无法提供足够的深度来指导教育改革。

同时，高校数据的多维度属性不容小觑，这种属性能够全面描绘出校园生活中的个体全貌。就学生而言，他们的成绩揭示了学业成就，借阅图书的类型映射出个人兴趣，一卡通使用频率和金额则间接反映经济条件，而网络浏览记录则可能暴露思想倾向。唯有将这些多维度数据综合起来，构建出精准的量化分析模型，才能真正洞察学生的生活习性和学术成长之间的内在联系，从而实现对学生个体的全方位、多层次分析。

（三）大数据在教育领域应用的优势

探讨大数据与传统数据在教育领域的差异以及高校数据源的独特性质，我们发现大数据正在重塑教育模式，展现出超越传统教育的显著优势，具体表现在以下几方面：

首先，在数据采集层面，传统教育依赖于问卷调查、心理测试等人工设计的评估工具，这些方法虽已形成标准化流程，但受限于时间和空间，只能捕捉到学生的部分行为和态度。相比之下，大数据的采集是一种连续的、全息的过程，它跟踪学生在校期间的所有数据足迹，包括学习行为、社交互动、健康状况等微观细节，形成了对学生在校生活的全景式观察。

其次，在策略决策上，传统数据侧重于宏观层面，如学校整体表现、区域教育水平等，这些数据主要用于制定教育政策和规划。而大数据则深入微观层面，能够细致入微地洞察每个学生的学习状态、情绪变化乃至个性化需求，使得教育者能够实时调整教学策略，实施精准的个性化教育，提升教学效果和学生满意度。

最后，关于评估误差，传统数据收集通常基于特定时间点的抽样，存在一定的偏差和不完整性，可能导致分析结果失真。大数据通过持续的微观记录，减少了抽样偏差，提高了数据的准确性和可靠性，使教育评估更加客观公正，有助于更精细地识别学生的学习障碍和发展潜力。

二、大数据在高校教育信息化建设中的应用

互联网技术的飞速演进与大数据浪潮的兴起，正深刻重塑高等教育的面貌，高校作为数据生产的核心领域，无疑站在了这场变革的前沿。中国高等教育体系庞大，拥有众多大型院校，每所学校都汇聚了成千上万的学生，他们从招生注册到毕业离校，每一步都伴随着海量数据的生成，涵盖了学籍管理、课程选择、成绩记录、图书借阅、体育锻炼等方方面面。

在大数据时代，高校教育信息化建设迎来前所未有的机遇。通过深度挖掘和分析这些数据，教育工作者能够洞察学生的学习行为、学术进展乃至个人兴趣，进而优化教学内容、方法和评估体系，实现真正的个性化教育。同时，大数据分析能够为科研活动提供强有力的支持，促进跨学科合作，加速知识创新和成果转化。

此外，学生管理与服务也将因大数据而变得更加精细化和人性化。高校能够借助数据分析，及时识别学生可能面临的问题，如心理健康、学业困扰等，提前介入并提

供适当的支持。同时，大数据还有助于高校优化资源配置，提升管理效率，确保教育公平，营造更加开放、包容的学习环境。

（一）教学评估

大数据分析在教育领域的应用开辟了前所未有的研究与实践空间，教育机构如今坐拥海量数据，包括学生的在线互动、作业提交、考试成绩、课堂参与度以及个人偏好等，这一切构成了一个庞大的教育数据池。通过对这些数据的深度挖掘与分析，教育工作者和研究人员能够构建起关于学生学习过程和状态的全面图景，从而洞悉学习行为的模式与趋势。

技术人员对教育大数据的实时监测与分析，使得个性化学习成为可能。系统能够识别每位学生的学习风格、进度和难点，进而推送定制化资源，调整课程难度和教学策略，以满足不同学生的需求。此外，数据流的动态变化有助于揭示教育成效的关键指标，例如学生参与度、知识掌握程度和长期学习成果，这些洞察可以指导教师优化课程设计，提高教学质量。

更重要的是，大数据分析提供了对学生学习成果和教师教学效果进行客观评价的手段。通过对比历史数据和当前表现，教育决策者能够评估教学干预措施的有效性，识别需要改进的地方，并做出基于证据的决策。这种数据驱动的方法不仅提升了教育的透明度和责任性，还促进了教育体系的持续改进，最终目标是实现更加高效、公平和适应性强的教育环境。

（二）个体分析

在教育领域，大数据的应用正逐渐改变着教学与学习的传统模式，使之更加个性化和高效。通过学校数据中心收集并分析学生多维度的信息，如考试成绩的趋势、图书馆借阅记录、校园卡消费习惯等，教育工作者能够构建起关于学生学习状态和兴趣爱好的全面视图。这种综合性分析不仅能够揭示学生的学习成效和潜在需求，还能洞察其个人兴趣和性格特点，为实现个性化教育提供了坚实的基础。

基于大数据分析，学校能够为每位学生量身定制教学计划和培养方案，确保教育内容与方法贴合其独特需求。例如，对于学习进步缓慢的学生，可以提供额外的辅导资源或调整教学节奏；而对于表现出色的学生，则可以设计更具挑战性的课程，激发其更大的潜能。此外，通过识别学生兴趣点，学校还能通过微信公众平台等渠道，向学生推送定制化的学习资料和资讯，促进其自主学习和终身学习能力的培养。

这种基于大数据的个性化教育模式，不仅提升了教学效果，还增强了学生的学习动力和满意度。它打破了传统"一刀切"的教育模式，让教育真正成为一项以学生为中心的活动，旨在培养具有批判性思维、创新能力和社会责任感的未来公民。通过大数据的深度挖掘，教育系统能够不断优化资源配置，提升教育质量，为每位学生提供公平且适切的成长环境。

（三）舆情监测

在教育领域，大数据的应用远超出了传统教学的范畴，它已经成为维护校园和谐稳定、促进学生健康成长的关键工具。学生的情绪波动和潜在问题常常在网络空间初露端倪，若未能及时妥善处理，小范围的个人情绪可能迅速扩散，引发群体性事件，使网络成为负面情绪的放大器。因此，教育机构通过分析学生网络行为数据，如网页浏览记录、社交媒体互动、在线论坛发言等，能够建立起一套全面的舆情监测和预警机制。

大数据分析能够帮助学校实时追踪学生的情感状态和社交动态，识别出可能存在的心理压力、社交冲突或其他潜在危机，及时介入并提供必要的支持和干预。通过挖掘学生数据中的异常模式，学校可以预警可能的极端行为，比如霸凌事件、自杀倾向等，从而防患于未然，保护学生免受伤害。

此外，大数据还为教师提供了深入了解学生学习习惯、兴趣和需求的窗口，使得个性化教育成为可能。通过分析学生的学习路径、作业完成情况、测试成绩等数据，教师能够精准定位学生的学习难点，适时调整教学策略，确保每位学生都能在最适合自己的学习节奏中进步。同时，大数据分析还能揭示学生学习效率与教学方法之间的关联，帮助教师优化课程设计，提升教学质量。

三、大数据在高校教育信息化应用中的策略

（一）建立科学的数据模型

在教育信息化的推进过程中，尤其是在高等教育领域，初期的信息化建设往往缺乏前瞻性的数据规划意识，导致积累的数据质量良莠不齐，缺乏统一的标准和规范。即便步入大数据时代，信息化团队对数据价值的认知仍然停留在表面，普遍认识到数据的潜在价值，但缺乏对数据如何有效利用、哪些数据可以实现跨部门共享的具体规划。这种模糊的数据治理观念，限制了数据的深度挖掘和综合利用，影响了教育信息化的效能。

科学的数据规划是解决上述问题的关键。通过系统性的数据规划，可以构建出具有高度适应性和扩展性的数据模型。这样的数据模型能够在未来的数年内，仅需进行少量的调整和补充，就能够满足不同类型系统和数据库的需求，保持其持久的生命力和实用性。具体而言，科学的数据规划应包括数据标准的制定、数据质量的管理、数据安全的保障、数据共享的机制设计以及数据生命周期的管理等关键环节，确保数据的可用性、可靠性和安全性。

（二）加强数据的质量管理

数据质量在大数据分析中扮演着关键角色，直接影响到分析结论的可靠性和适用性。在高校应用大数据的情境下，确保数据质量涉及多个关键步骤，首要任务是在数据收集阶段实现标准化、全面化和高效化。标准化确保了数据格式的一致性，便于后续处理和分析；全面化要求涵盖所有相关数据源，避免重要信息的遗漏；高效化则关注数据采集的速度与准确性，确保数据的时效性和真实性。这一阶段的目标是，从源头把控，奠定数据质量的基础。

数据清洗是提升数据质量的关键环节。通过剔除无效或错误的信息，减少噪声干扰，确保数据的纯净度，从而提升分析结果的精度。这一过程需要细致且专业的处理，以精准提取有价值的数据，为后续分析提供高质量的原料。

为构建可持续的数据质量管理机制，高校需注重以下几点：一是强化数据标准建设，制定统一的数据规范，确保数据一致性；二是重视历史数据的积累，历史数据是分析趋势、预测未来的重要依据；三是持续学习和应用先进的数据处理技术，提升数据管理的专业水平。通过这些措施，高校不仅能在数据准备阶段提升数据质量，还能促进数据资源的长期优化和高效利用，为教育决策提供坚实的数据支持，推动教育信息化向纵深发展。

（三）构建"上推下主"的管理体制

高校管理体制的革新是推动大数据共享与应用的关键。传统管理模式往往固化了部门间的利益格局，形成了数据孤岛，阻碍了信息的自由流通。要在高校内部实现大数据的有效利用，必然对现有体制进行调整和改革，以打破部门壁垒，促进资源共享。

这一过程需要从高层开始，通过全面、细致、强有力的规划，自上而下推动体制变革。信息化部门应发挥技术优势，主动承担起整合各业务系统数据的责任，构建统一的数据中心，实现数据的集中管理与维护。这不仅要求信息化部门转变角色，从被动响应转向主动管理，还需为不同层级的用户提供定制化的数据分析服务，满足其特定需求。

与此同时，各职能部门的积极参与和紧密协作是必不可少的。它们需要建立常态化的沟通机制，确保数据更新的及时性和准确性，同时，积极反馈使用中遇到的问题，促进数据质量的持续提升。这种由顶层推动、信息化部门主导、各职能部门配合的改革模式，能够有效破除体制障碍，加速大数据技术在高校管理和服务中的应用落地，为高校的决策提供更加精准、全面的数据支持，进而推动教育信息化的深入发展。

第二节　大数据时代教学模式的创新

一、基于项目的学习模式

（一）基于项目的教学模式概述

基于项目的教学模式，即项目式教学模式（Project – Based Learning，PBL）作为一种新兴的教学策略，正逐渐在全球范围内获得教育工作者的认可。它以学科核心概念和原则为基石，鼓励学生通过创作项目和分享成果的方式，深入探究真实世界的问题。PBL 倡导在限定的时间内，学生围绕一系列相互联系的挑战进行探索，利用多样化的资源，展开实践性的学习活动。

PBL 的核心在于将学生置于富有意义的项目任务中，激发他们主动学习的热情，自主构建知识体系，追求个人能力和创新思维的提升。此模式根植于建构主义理论，强调合作学习的重要性，认为知识的获取是在解决实际问题的过程中逐步构建的。

PBL注重学生的亲身体验和动手实践，将"做中学"的理念贯穿始终。学生在设计和制作作品的过程中，不仅加深了对知识的理解，还锻炼了批判性思考、团队协作和问题解决等综合技能。这种教学法与杜威的实用主义教育理念不谋而合，都强调教育应源于生活，服务于现实生活。

PBL摒弃了传统的灌输式学习，转而采用探索式学习方法。学生在面对复杂问题时，首先形成初步的假设，随后通过调查研究和资料分析来检验这些假设，最终提炼出自己的解决方案。整个过程促使学生不断创造新知，积累经验，逐步完善个人的知识结构，实现了从被动接受到主动建构的转变。

基于项目的教学模式主要由内容、活动、情境和结果四大要素构成，下面详谈分析这四大要素。

1. 学科的核心观念和原理

基于项目的教学模式的核心内容聚焦于现实生活中的复杂问题，这些问题往往具有非线性、多变性和跨学科的特点。这种教学模式旨在让学生面对真实世界的挑战，通过探索完整而非孤立的知识领域，促进他们对知识的深度理解和系统掌握。所选课题应具备足够的吸引力和可探究性，确保学生能够投入精力并发挥其探究潜能。

PBL的内容设计紧密贴合学生的兴趣和生活经验，这不仅能提高学习的动机，还能帮助学生建立学习与个人生活之间的联系。学生被鼓励去探讨那些能引发他们好奇心的主题，形成独立见解，研究与自身兴趣和能力相符的议题。此外，PBL鼓励学生关注当下社会热点，参与本地社区事务，或是从日常生活中汲取灵感，将学习材料转化为贴近生活的实践课题。

总之，PBL通过选取与学生生活息息相关的、具有挑战性和吸引力的课题，促使学生在解决实际问题的过程中，深化对知识的理解，增强学习的主动性，培养综合运用多学科知识解决复杂问题的能力。这种模式下的学习，不再局限于书本上的理论知识，而是将学生置身于生动的情境中，让他们在实践中成长，实现真正的学以致用。

2. 活动生动有效的学习策略

在PBL中，活动设计围绕着学生使用现代技术工具，比如计算机软件和其他数字资源，以及采用诸如调查研究等科学探究方法来应对和解决问题。这些活动通常展现出以下关键特性：

（1）挑战性：活动设定的目标和任务对学生而言是有一定难度的，需要他们跨越舒适区，调动和整合已有的知识技能，从而激发他们的创造力和解决问题的能力。

（2）建构性：PBL鼓励学生主动构建知识，这意味着学生不是被动接收信息，而是在项目执行过程中自己发现规律、总结原理，这样的学习过程有助于知识的长期记忆和灵活迁移。

（3）个性化：活动设计时充分考虑到每个学生的兴趣、能力和背景，学习内容和方式与学生的个性特点相匹配，这样可以提高学生的学习动力和参与度，使他们完全投入于项目之中。

基于项目的教学活动通过上述特性，不仅促进了学生在学术领域的成长，还培养了他们的批判性思维、团队协作和社会交往等 21 世纪所需的关键技能，为学生未来的学习和职业生涯奠定坚实的基础。

3. 情境——特殊的学习环境

在基于项目的教学模式中，它主要体现在两个方面：

首先，情境促进合作。基于项目的教学往往在模拟现实世界问题的情境下展开，这要求学生像在真实社区或职场中那样进行团队合作。在这一过程中，学生不仅要学会如何与同伴有效沟通，共同解决问题，还要培养解决人际冲突的能力，建立互信互助的关系。这种无压力的合作氛围能够增强学生的自信心，让他们在实践中锻炼和提升个人能力。

其次，情境鼓励技术工具的运用。在项目实施的情境中，学生被鼓励使用各种现代技术工具，包括但不限于计算机软件、互联网资源、多媒体设备等。这些工具不仅是完成项目任务的必要手段，也是学生掌握 21 世纪技能的重要途径。通过在具体项目中的实践操作，学生能够熟练应用技术，拓宽知识视野，同时为将来步入社会，适应信息化工作环境打下坚实基础。

4. 结果——丰富的学习成果

基于项目的教学模式旨在培养学生的综合工作技能，这些技能不仅限于传统的写作、语言表达和批判性思维能力，更是涵盖了如何在多元观点中倾听、理解和尊重不同意见，以及如何基于理性分析有效地反驳对立观点。PBL 通过让学生投身于解决复杂问题的实践中，促使他们不断磨炼和运用这些关键技能。

在项目执行过程中，学生需要搜集和分析信息，撰写报告或论文，这自然提升了他们的写作和语言技能。更重要的是，批判性思维的培养贯穿于整个项目周期，学生必须学会质疑、分析和综合各种信息，形成独立见解，这有助于他们成长为具备深度思考能力的个体。

PBL 还特别强调培养学生的民主参与意识和沟通技巧。学生在团队中需要倾听并理解队友的观点，即使面对分歧，也需学会以理服人，而不是简单地排斥异见。这种实践不仅锻炼了学生的辩论和说服能力，还让他们深刻体会到民主对话的重要性，学会在尊重他人意见的基础上，表达自己的立场。

（二）基于项目的学习模式过程阐述

基于项目的教学模式是一种新型教学模式，是一种变革传统教学的新理念。通常其流程或操作程序分为选定项目、制订计划、活动探究、作品制作、成果交流和活动评价等六个步骤。

1. 选定项目

在基于项目的教学模式中，项目的选择是一个关键环节，它直接关系到学生的学习热情和项目的教育价值。理想的项目选择应充分考虑学生的兴趣和已有经验，同时确保项目内容与学生的日常生活有所关联，这样可以激发学生的好奇心和探索欲，使他们能够提出与项目相关的问题。

项目应具备跨学科性，能够整合科学、社会研究、语言艺术等多个领域的知识，这样不仅可以丰富学生的知识结构，还能培养他们综合运用不同学科知识解决问题的能力。此外，项目应有足够的深度和广度，以支持至少为期一周的深入探究，确保学生有足够的时间和空间去挖掘问题的各个方面。

项目选择还应考虑其实操性，确保其适合在学校环境中实施，便于教师指导和进行资源调配。教师在项目选择中扮演指导者的角色，尊重学生的主体地位，鼓励他们自主选择项目主题，同时，教师需评估项目的研究价值和学生的研究能力，必要时提供调整建议或引导学生重新选择，以确保项目既符合学生的兴趣，又能达到教学目标，促进学生的全面发展。

2. 制订计划

项目计划在基于项目的教学模式中扮演着核心角色，它是项目活动有序开展的蓝图，确保学习过程的高效性和目标的可达性。项目计划通常包括两个关键组成部分：时间安排与活动设计。

时间安排是项目计划的骨架，它明确了项目从启动到完成的各个阶段，包括初步研究、详细策划、执行、评估与展示等环节的预计时间点。通过制定详尽的时间流程，学生可以合理规划自己的学习进度，确保按时完成项目任务，同时也便于教师监控项目进展，及时提供必要的指导和支持。

活动设计则是项目计划的灵魂，它涉及基于项目的教学模式中所有学习活动的具体规划。活动设计应围绕项目目标，确保每项活动都能促进学生对核心概念的理解和技能的提升。这包括但不限于资料搜集、实地考察、专家访谈、实验操作、团队讨论、创意制作等多种形式。精心设计的活动能够激发学生的主动参与，促进深度学习，同时培养其团队合作、批判性思维和创新等技能。

3. 活动探究

在基于项目的教学模式中，活动探究阶段是学习过程的核心，学生通过这一阶段的深入实践，不仅获取了大量知识，还磨炼了各项技能。这一阶段通常涉及实地考察和直接研究，学生需要走出教室，到现实世界中进行观察、采访、实验等活动，以收集一手资料和体验。

在探究过程中，学生被鼓励记录下自己的观察、思考和感受，这有助于他们反思学习过程，深化理解。提出解决问题的假设是探究的起点，学生需要基于已有的知识和直觉，对问题的可能答案进行猜测。接下来，通过采用合适的研究方法和技术工具，如数据分析、文献回顾、实验室实验等，学生将收集到的信息进行整理和分析，以验证或否定最初的假设。

这一过程不仅考验学生的信息处理能力，还锻炼了他们的批判性思维、问题解决能力和技术创新能力。通过反复的试验和修正，学生最终能够得出问题的解决方案或研究结果，这个过程本身就是一次深度学习的旅程，学生在其中不仅掌握了知识，还学会了如何学习，为未来的学习和职业生涯奠定了坚实的基础。

4. 作品制作

作品制作是项目的教学模式中一个独特的环节，它将学习成果具象化，是学生综合运用知识与技能的集中体现。这一过程通常与活动探究紧密结合，学生在探究阶段获取的经验，直接转化为作品制作的灵感和素材。

作品的形式多样，可以根据项目的性质和学生兴趣灵活选择，包括但不限于研究报告、实物模型、图表、音频录制、视频制作、多媒体演示、网站设计、舞台剧表演等。这些作品不仅展示了学生对项目主题的深入理解，还反映了他们在信息整合、创意思维、技术应用等方面的能力。

在作品制作过程中，学生需要将抽象的概念转化为具体的表现形式，这不仅加深了他们对知识的记忆，还锻炼了批判性思维和创新表达的能力。作品的展示环节则提供了学生与他人分享成果的机会，增强了其演讲和沟通技巧，同时也促进了学习社群内的知识交流和相互启发。

5. 成果交流

成果交流是基于项目的教学模式中的一个重要环节，它为学生提供了一个展示学习成果、分享学习体验的平台。通过举办展览会、报告会、辩论会、小型比赛等形式多样的活动，学生不仅能够向校内外观众展示自己的作品，还能交流在项目学习过程中的心得与感悟，分享创作过程中的乐趣与挑战。

这一环节不仅限于校内，还邀请家长、其他学校的师生以及教育主管部门的领导和专家共同参与，这样不仅增加了项目的影响力，还促进了不同学校、家庭与教育机构之间的交流与合作。参与者可以从中获得启发，看到教育的多样性和可能性，同时也为学生提供了宝贵的反馈，帮助他们从不同角度审视自己的作品，进一步提升技能和知识。

成果交流活动不仅彰显了学生的学习成果，还培养了他们的演讲能力、团队合作精神以及社交技巧，为他们未来的学习和职业生涯打下了坚实的基础。此外，这种开放式的交流也有利于构建一个支持性、鼓励创新的学习环境，激发学生的学习热情，促进教育的持续改进和创新。

6. 活动评价

在基于项目的教学模式中，活动评价是确保学习质量和促进学生全面发展的关键环节。与传统教学相比，这种评价方式更加多元化和全面，强调定量与定性、形成性与终结性、个人与小组、自我与他人评价的结合，旨在全面反映学生在项目学习中的表现和成长。

评价内容涵盖了项目选择的适宜性、学生在小组合作中的贡献、活动计划的周密性、时间管理的有效性、成果表达的清晰度以及技巧的掌握情况等多方面。对结果的评价重点关注学生知识获取和技能掌握的程度，而对过程的评价则侧重于学生在实验记录、数据收集、活动日志、调研问卷、访谈记录、学习反思等方面的认真程度和深度。

评价主体可以是外部专家、学者、教师，也可以是同伴或学生自己，这种多元评价主体的设计，不仅增加了评价的客观性和全面性，还培养了学生的自我反思能力和同伴评价能力。教师通过观察学生在项目学习中的表现，评估其技能运用、知识整合及语言表达能力。学生则通过自我和同伴反馈，评估个人及团队工作进展、情感体验、知识技能增长，以及工作流程中的优势与不足，这种反思和评估本身就是学习过程的一部分，有助于学生持续改进和自我提升。

基于项目的教学模式中的活动评价是一个综合、动态的过程，它不仅评估学生的学习成果，还关注学习过程中的态度、方法和情感体验，为学生提供了全方位的反馈，促进了其自主学习能力和团队协作精神的培养。

二、基于网络的协作学习模式

（一）基于网络的协作学习模式概述

1. 协作学习

协作学习是一种强调团队合作与互动的学习模式，它将学生组织成小组，共同追求学习目标，通过合作互助来深化对知识的理解与掌握。这一模式的核心构成包括协作小组成员、辅导教师、协作学习环境以及协作学习过程。在协作学习中，学生不仅与小组内的同伴共享信息和学习资源，还会与更大范围的群体，如其他小组或全班同学进行知识的交流与共享。通过对话、讨论和辩论等方式，学生能够深入探讨问题，促进思维碰撞，共同解决问题。

协作学习的精髓在于强调集体智慧的力量，兼顾个体的自我实现。每个小组成员都是学习过程的积极参与者，通过小组共同目标的设立，激励成员之间相互帮助，共同进步。教师在这一过程中扮演着引导者和促进者的角色，设计合理的协作任务和评估机制，确保小组学习的高效进行。在协作学习中，小组的总体成绩被视为评价每个成员表现的重要依据，这促使学生不仅要关注自己的学习成效，还要关心并协助同伴学习，形成一种"共赢"的学习文化。

2. 基于网络的协作学习

基于网络的协作学习是信息技术与教育深度融合的产物，它充分利用计算机网络和多媒体技术，为学习者提供了一个虚拟的协作环境。在这种学习模式下，来自不同地点的学习者能够围绕共同的学习目标，通过网络平台进行实时或非实时的交流与合作，共同探讨问题，分享资源，以促进对知识的深入理解和掌握。

基于网络的协作学习打破了传统教室的物理界限，使学习者能够跨越时空障碍，与全球各地的伙伴进行互动，极大地拓展了学习的广度和深度。通过在线讨论、虚拟会议、共享文档编辑、多媒体资源分享等多种形式，学习者不仅能够获得同伴的即时反馈，还能从多元化的视角审视问题，培养批判性思维和创新能力。

此外，基于网络的协作学习还为教师提供了丰富的教学工具和资源，帮助他们设计和实施更加个性化和互动性更强的学习活动，实时监控学习进度，提供有针对性的指导和评估。这种模式不仅促进了学习者的自主学习和终身学习能力发展，还培养了他们适应数字化社会所需的协作、沟通和信息处理技能，为21世纪的学习者提供了广阔的发展空间。在网络的协作学习中，计算机网络具有快捷性、交互性、超时空性以及对资源的可共享性，因而网络环境下的协作学习除了具备非网络环境协作学习的特点外，同时还具备以下特点：

（1）突破了时空限制

网络技术的广泛应用彻底颠覆了传统教育的地理和时间限制，为协作学习开辟了全新的维度。在网络环境下，协作学习不再局限于固定的教室、特定的班级或单一的学校，而是能够跨越校园围墙，连接不同班级、年级乃至学校之间的学生，形成一个无边界的"大课堂"。这种跨界合作不仅丰富了学习资源，还促进了不同背景学习者之间的文化交流，实现了社会学习化与学习社会化的双向促进，使得教育更加开放、包容和全球化。

在网络化协作学习中，时间的约束也被大大削弱。异步交互功能允许学习者根据自己的时间安排参与讨论及合作，无须所有人同时在线，这极大地提高了学习的灵活性和便利性。学习者可以在任何时间点回顾讨论内容，发表自己的见解，或完成协作任务，这种弹性安排不仅满足了个性化学习需求，还增强了学习者的自主性和责任感。

（2）教师对小组学习活动干预程度较低

在基于网络的协作学习环境中，教师的角色经历了显著的转变，从传统的知识传授者转变为学习的引导者和促进者。教师的主要职责转向了对学习小组的成果进行评价与总结，提供适时的指导以解决学习过程中遇到的问题，而在具体的在线学习和协作过程中，教师则采取更为宽松的态度，允许学习者自行探索，自主决策，这为学习者创造了更加宽松和自主的学习氛围。

这种角色转换使得学习者在基于网络的协作学习中能够拥有更大的选择性和灵活性，可以根据个人兴趣和学习节奏进行个性化学习。教师通过在线平台监控学习进程，适时介入，确保学习活动的顺利进行，同时鼓励学习者之间的互动与合作，促进知识的共建和共享。这种模式不仅培养了学习者的自主学习能力，还增强了他们的团队协作和问题解决技能，为适应未来社会的复杂挑战奠定了坚实的基础。

（3）方便资源共享

在协作学习的框架下，成员们为了实现共同的学习目标，频繁地交流信息和分享资源已成为常态。随着计算机网络技术的迅猛发展，全球范围内的资源共享变得前所未有的便捷。通过使用搜索引擎、学术数据库、在线图书馆以及各种开放式教育资源平台，学习者可以迅速获取到海量的参考资料、文献资料和多媒体资源，极大地丰富了学习材料的多样性，拓宽了知识获取的渠道。

网络技术还使得协作学习中的资源共享不再受限于物理空间，学习小组成员无论身处何地，都可以通过云存储、文件共享服务或专门的学习管理系统轻松上传、下载和同步学习资料，实现即时共享。这种无缝连接的资源共享模式不仅提升了学习效率，还促进了小组成员之间的互动与合作，加深了对学习内容的理解和掌握。在这样一个数字化的协作环境中，学习者能够更加灵活地组织和管理个人学习路径，同时也为集体智慧的汇集和知识创新提供了广阔的平台。

（4）协作形式多种多样

计算机网络技术为学生提供了一个跨越地域限制的沟通与协作平台，通过诸如NetMeeting、QQ、MSN、论坛、聊天室、留言板等工具，学生能够与远方的老师和同学进行实时或异步的交流。这些工具不仅支持文字聊天，还拥有语音通话、视频会议、文件传输等功能，极大地丰富了沟通的形式和深度。

学生可以利用这些平台自发地组织线上会议，制订合作学习计划，开展主题讨论，分享学习资源，甚至共同编辑文档或项目。这种方式打破了传统面对面交流的局限，使得合作学习更加灵活、高效。同时，网络沟通工具的匿名性和广泛性也为学生提供了一个更为开放和包容的环境，鼓励他们勇于表达自己的观点，倾听他人的意见，从而促进批判性思维和团队协作能力的提升。

（二）基于网络环境的协作学习模式建构

网络信息的非线性组织形式、多媒体化表现、大容量存储和便利交互性等特点，为基于网络的协作学习模式带来了巨大的潜力。在构建这种模式时，充分利用网络技术的这些优势，可以极大促进学生认知策略的形成与发展。非线性的信息结构鼓励学生自主探索，多媒体化内容则能刺激多种感官，加深理解，大容量存储确保了资源的丰富性，而交互性则促进了师生、生生之间的有效沟通与合作。

在设计基于网络的协作学习模式时，综合考虑教学因素至关重要，包括学习者的个体差异、任务的复杂度、情境的真实性等，以确保学习活动既具有挑战性又不失趣味性，能够满足不同学习者的需求。同时，设计者还必须注意网络的干扰因素，如信息过载、虚假信息、网络安全风险等，采取相应措施，如设置信息筛选机制、提供可信度高的资源、加强网络伦理教育等，以营造一个健康、安全的在线学习环境。

通过综合考量网络技术的优势与教学设计的原则，可以创建出既促进深度学习又激发创新思维的协作学习平台，为学生提供充满活力、互动性和个性化的学习体验，从而培养其所需的关键技能。

（三）基于网络环境的协作学习模式要素分析

1. 确定协作学习目标

在基于网络的协作学习模式中，精心设计学习内容与目标是确保学习效果的关键。首先，须挑选适合采用协作学习方式的教学主题，这类主题往往具备一定的开放性与复杂性，能够激发学生之间的讨论与合作。接着，确立清晰的小组协作目标，即组目标，它应当是具体、可达成且能够激发学生兴趣的。为了使每个学生都能在协作中找到自己的位置，可以将组目标细分为若干子目标，同时设定与学生个人发展相契合的个人目标。在目标设定时，务必确保个人目标与组目标之间存在内在联系，个人目标的实现是达成组目标的必要条件，这种设计能够有效促进学生的自主学习与协作积极性。

协作学习模式尤其适合培养学生的高级认知能力，如应用、分析、评价等。因此，在设计学习目标时，不应局限于单一学科知识，而是要融合跨学科内容，鼓励学生将所学知识应用于解决实际问题，促进批判性思维与创新能力的发展。通过精心设计，协作学习不仅能够深化学生对特定知识领域的理解，还能促进其全面发展，为学生在未来的学习与工作中取得成功奠定坚实的基础。

2. 建立协作学习小组

基于网络的协作学习，作为一种促进学生互动与共同进步的教学模式，其核心在于科学且合理地组建学习小组。这一过程不仅是实施协作学习的基础，更是确保教育活动顺利开展的关键。小组可以由教师依据教学目标精心设计，或是让学生在教师的引导下，根据既定目标自由协商组合。在分组时，通常采用异质分组（结合不同背景、技能的学生）、就近分组（考虑地理位置）、分层分组（按学术表现或能力水平）、同质分组（基于相似兴趣或学习风格）以及自由搭配（允许学生自主选择同伴）等多种策略。

分组的标准应当综合考量学生的个人特质，包括但不限于他们的学习风格、居住区域、基础知识、特殊才能、兴趣爱好乃至性别差异。无论采取哪种分组方法，核心原则始终是促进成员间的互补互助与协调和谐，培养团队内的信任与良好人际关系。在小组内部，虽然可能会指定一位负责人协助管理，但这并不影响所有成员的平等地位，每位参与者都应享有同等的贡献机会与决策权利。

教师在这一过程中扮演着至关重要的角色，不仅要监督小组的形成，还要适时提供指导，帮助学生克服障碍，推动小组向更加成熟、高效的协作体发展。通过这样的方式，网络化协作学习不仅能加深学生对知识的理解，还能有效提升他们的团队协作能力和社交技巧。

3. 创设协作学习环境

营造一个有益于协作学习的环境是至关重要的，它能够增强小组成员的集体认同感，进而催化出一种包容与多元的团队精神。这种环境涵盖三个关键维度：硬件设施、软件工具及资源平台。硬件层面，确保每位学习者都能访问必要的计算机设备和稳定的网络连接，这是技术交流的基础。软件环境则涉及一系列协作工具，例如即时通信软件（如 NetMeeting、QQ、MSN）、论坛、聊天室、留言板和搜索引擎，它们构成了沟通与资源共享的桥梁。

然而，资源环境的构建被视为三者中的核心，因为它直接关系到学习的深度与广度。在规划资源环境时，首要任务是深刻理解网络资源的特性，并以此为导向，精准对接学生的学习需求。理想情况下，学校可以预先将精选资源下载至校园网服务器，建立起一个资源中心。这样一来，当协作学习进入实质阶段，学生们能够便捷地从这个"知识宝库"中检索所需信息，满足他们在学习进程中对新知的渴求。这种设计不仅优化了信息获取流程，还促进了资源的有效利用，为协作学习提供了坚实的知识支撑。

4. 协作学习活动设计

在协作学习活动的设计阶段，核心目标是通过小组内部的讨论、协商，辅以教师的专业指导，共同构建一份翔实的协作学习蓝图。这一过程旨在确保在线协作学习的有序进展，兼顾每位学习者的个性化需求。设计者需细致考量每位参与者的背景、技能水平及学习风格，确保计划的包容性和适应性。

在规划时，应当明确协作学习的总体目标，并将其分解为一系列可达成的个人目标或子目标。这些目标之间的逻辑关系将决定学习活动的结构，帮助团队成员理解自己的角色以及如何贡献于整体成果。划定清晰的工作阶段，不仅能够引导学习者按部就班地推进任务，还能促进团队间的有效沟通和责任分配，确保协作学习过程中的每一个环节都能够得到充分的关注与执行。这样的设计思路，既强化了学习效果，也增强了小组成员间的相互依赖与合作意识，为成功的协作学习奠定了坚实基础。

5. 协作学习活动实施

在协作学习的实施阶段，学习团体依据先前精心设计的学习计划展开学习活动，然而，这并非一成不变的过程。小组成员应保持灵活性，根据团队动态、个人需求以及来自教师的反馈适时调整原定方案，以确保学习效果最大化。教师虽不宜频繁直接介入学生的具体学习细节，但扮演着至关重要的指导者与监管者角色，需密切关注协作进程，适时提供策略指导，确保学习方向正确无误。

实践中，教师可通过多种途径监控学习进度与质量，比如定期审查小组提交的阶段性成果，利用在线平台如论坛或电子邮件系统发布针对性练习，收集并评估学生作业，以及激发线上讨论，以此深化学生对知识的理解与应用。这种灵活而深入的指导方式不仅能够促进学生主动学习，还能够增强团队协作精神，使每个参与者都能在协作学习环境中发挥所长，共同达成教育目标。教师的适时介入与指导，是确保协作学习顺利进行，实现教育效能的关键因素。

6. 评价协作学习结果

学习评价作为衡量学习成效与推动协作学习进步的关键步骤，扮演着不可或缺的角色。它旨在全面且准确地反映学习成果，确保教育目标的达成。评价机制应多元化，涵盖小组整体表现和个人贡献，融合同伴评价、自我反思及外部观察者的评价视角，以构建一个立体化的评估体系。

一旦小组的学习周期告一段落，教师应当迅速介入，对小组的学习产出给予专业评价。评价手段不应局限于传统的笔试或测验，更应鼓励创新，如考查项目展示、实践操作或任务完成情况等，这些都能更直观地展现学生的能力与理解程度。同时，通过小组间的质询与自我评价，不仅能促进深度思考，还能培养批判性思维与自我反省能力。成员之间的互相评价则有助于建立团队合作精神，强化个人责任感，确保每个人都在学习过程中得到充分关注与发展。

7. 教师指导

教师的指导职责并非局限于单一的教学环节或特定的教学活动，而是像一条连续的线索，贯穿于学习活动的筹备、执行与评估的全周期之中。在这一进程中，教师虽不直接介入学习者的具体学习行为，但扮演着至关重要的监督与调控角色，确保学习路径的畅通无阻，进而保障学习成果的有效产出。

从课程设计的初始阶段开始，教师就需要精心规划，设定清晰的学习目标与预期成果。在学习实施期间，他们需密切关注学习动态，适时调整教学策略，解决可能遇到的障碍，为学生提供必要的资源和支持。到了评价阶段，教师不仅要公正地评估学习成果，还应引导学生进行自我反思，促进其批判性思维和自主学习能力的发展。

因此，教师的指导作用是全方位、多层次的，不限于知识的传授，更要激发学生的潜能，培养其独立思考和解决问题的能力，使学生能够在教师的引领下，逐步成长为自主、高效的学习者。

第三节 大数据时代下高等教育信息化平台建设

一、大数据时代下微课教学设计模式

（一）微课教学与微课教学设计

教学设计作为教育领域的一项核心技能，致力于在教学活动前，依据既定的教学目标，采用系统化的视角，对教学过程中的各个构成要素进行细致的分析与周密的规划，旨在明确"教什么"和"如何教"，形成一套行之有效的教学实施方案。

在微课教学设计的语境下，这一理念被进一步细化与优化。它聚焦于微课的教学目标与功能，运用系统方法，全面考量教学中各要素的内在联系及其与整体架构的协调性，尤其注重在短时间内呈现精炼内容，以视频为主要传播媒介，实现高效知识传递的策划过程。与传统教学设计不同，微课设计更多地侧重于教师单边的教学活动，缺乏即时的师生互动，但通过精心设计的主观与客观测试、讨论与练习环节，依然能够激发学习者深度参与和自我驱动。

微课质量的优劣，首先取决于其教学设计的合理性，这不仅是吸引并维持学习者注意力的关键，也是后续表达形式创新的前提。在微课教学设计中，学生自主学习成为核心考量，设计需适应碎片化学习需求，确保每个知识点或技能点的独立完整性，同时利用多样化的媒介和个性化的网络学习平台，提升学习方式的灵活性与效率。

对于重难点微课，设计应追求高内聚与低耦合，即确保单个微课内部知识结构紧凑、独立，减少微课间不必要的知识交叉，帮助学习者快速掌握核心概念。而在涉及综合知识的微课设计中，则应强化知识间的关联性，鼓励学习者融会贯通，灵活运用所学。

（二）微课教学设计的原则

1. 微型化

在当今这个信息大爆炸的时代，我们面临着一个显著的矛盾——无限增长的信息资源与个体有限的注意力之间的冲突。这种矛盾促进了微博、微信以及微课等一系列微型化信息载体的流行，它们以精炼的形式满足了人们在快节奏生活中对知识摄取的需求。

微课，作为一种新兴的教育形态，正是这种趋势的典型体现。它以微型课程的形式出现，通常控制在 5 到 8 分钟，最长也不超过 15 分钟，旨在利用学习者日常生活中那些零碎的时间片段。微课的核心在于其内容的精准设计与高度浓缩，每一秒都承载着重要的知识点或技能点，从而在最短的时间内向学习者传递最有价值的信息。

这种微型化的课程设计不仅减少了学习者的认知负担，还巧妙地维持了他们的注意力，进而提升了学习效率。微课的制作需要遵循清晰、简洁的原则，确保每一段视频都有明确的学习目标，避免冗余信息的干扰，让学习者在短暂的观看过程中收获满满。

然而，尽管强调微型化，微课的设计也不能忽视系统性和完整性。每一个微视频都应该是独立而完整的知识单元，同时又能与其他微课相互衔接，共同构建起一个系统的知识框架。这种系统化的设计保证了学习者即使是在非连续的学习过程中，也能够获得连贯且全面的知识体系，从而达到最佳的学习效果。

2. 以学习者为中心

微课作为服务于学习者的一种教学模式，其核心价值在于提升学习者的最终体验，这直接关系到课程的有效性和吸引力。评价微课成功与否，关键在于它能否满足学习者的真实需求，并促进其主动参与及深度学习。因此，在设计微课的过程中，从内容筛选到活动规划，再到资源整合，每一个环节都应当紧密围绕学习者这一中心展开。

首先，在内容选择上，设计者必须深入理解学习者所处的情境及其知识背景，精准定位学习者的需求点。这要求课程开发者通过调研或其他方式收集反馈，洞察学习者真正渴望获取的知识类型和技能点，确保微课的内容具有针对性和实用性，能够解决学习者面临的实际问题或困惑。

其次，学习活动的设计应充分考虑学习者的主体性，鼓励其主动探索和实践。这意味着微课不应仅仅是单向的信息传输，而应包含互动、讨论、案例分析等多种形式，以激发学习者的参与热情，培养其批判性思维和解决问题的能力。同时，课程中的各种资源，如阅读材料、视频演示、在线测试等，也应精心挑选和组织，以便学习者根据自己的进度和偏好进行个性化学习。

最后，为了最大化激发学习者的学习兴趣，微课应采用生动有趣的表现手法，如故事化叙述、游戏化元素的融入，甚至是虚拟现实技术的应用，使学习过程充满乐趣而不枯燥。这样的设计思路有助于构建一个以学习者为中心的微课生态系统，不仅能够提高学习效率，还能保证长期的学习动力和持续的成长。

3. 实效性原则

微课作为一种灵活高效的教学资源，其设计初衷便是服务广大受众，旨在通过精炼的内容帮助学习者掌握实用技能，应对日常生活中的挑战。在构思与制作微课前，深入了解目标群体的需求至关重要，确保课程内容能够切实地解决学习者面临的具体问题，而非泛泛而谈。这种以需求为导向的课程开发策略，强调将学习与现实生活紧密相连，选取源于真实情境的素材和案例，让学习者直观感受到知识的价值和应用性。

通过引入贴近生活的真实场景，微课能够有效激发学习者的好奇心与求知欲，促使他们主动参与到学习过程中来。这种以问题为中心的教学方法，不仅能吸引学习者的注意力，还能增强他们的学习动力，因为学习者能够预见通过本课程的学习，自己将具备解决类似问题的能力。此外，当学习者看到课程内容与个人经历或未来目标相关联时，会更加投入，从而提高学习效率和持久度。

4. 易懂性原则

在微课的教学设计中，易懂性原则扮演着核心角色，它要求将深奥的概念变得生动直观，将烦琐的议题提炼得简明扼要。这一原则的实施，关键在于恰当地运用教学媒体，以最适宜的形式展现教学内容，确保学习者能够轻松理解并吸收知识。戴尔的"经验之塔"理论为我们提供了重要的指导框架，它揭示了不同媒体承载的学习体验存在层次差异——从直观具体的实践操作，到象征性的替代体验，再到纯粹抽象的思考分析。

基于此理论，教学设计师应当精心挑选每一种教学媒体，以匹配特定的教学内容，使学习过程既高效又吸引人。例如，对于需要动手操作的技能型知识，视频演示或实验活动能提供具体的经验，帮助学习者通过亲身体验加深理解；而对于概念性较强的主题，则可借助图表、动画等视觉辅助手段，将抽象思维具象化，便于学习者把握核心理念。此外，文字材料和音频讲解适用于传达更为复杂的信息，它们可以引导学习者逐步构建起逻辑清晰的知识体系。

（三）微课教学设计中可参考的教学模式与教学策略

1. 教学模式与教学策略

教学模式作为教育实践与理论之间的纽带，承载着教育理念、教学理论及学习理论的精髓，旨在体现特定教学目标和内容。它不仅是一种理论框架，指导着教学实践的方向，而且是对实践经验的高度抽象与系统化总结，为教师提供了一套明确的操作指南，从而促进教学效果的优化与学生学习质量的提升。

教学策略则聚焦于教学过程中的具体实施，它是根据不同教学条件和预期成果而灵活选用的一系列方式、方法与媒介的集合体，贯穿于师生互动的各个环节之中。教学策略大致分为两类：一类是普遍性教学策略，关注学习动机的激发、课堂氛围的营造、自主学习能力的培养以及合作学习机制的建立，这些策略具有跨学科的通用性；另一类是具体性教学策略，专门针对特定学科知识和技能传授，如语文的阅读理解策略、数学问题解决策略等，它们更侧重于学科内容的精准教学。

尽管在实际应用中，教学模式、教学策略与教学方法之间的边界有时会显得模糊不清，但学界普遍认同的是，教学模式位于较高的抽象层级，它定义了教学策略与方法的使用范围和原则。教学策略相较于模式更加细化，其实施需遵循所属模式的指导思想，同时，同一策略可在不同模式下发挥作用，反之，一个模式也可能融合多种策略，共同服务于教学目标的达成。这种多层次的结构体现了教育设计的灵活性与适应性，确保了教学活动既能遵循科学的理论基础，又能贴合实际情境的多样性。

2. 常用的教学设计模式

（1）传递-接受教学模式

传递-接受教学模式，作为一种经典的教学框架，特别适用于认知领域知识的传授，尤其当教学目标集中于知识的获取时尤为有效。在这种模式下，教师扮演着主导角色，精心规划并掌控整个教学流程，确保学生能够在紧凑的学习时间内吸收并消化大量信息。然而，这一模式也因过分强调教师的中心地位而受到批评，因为它可能限制了学生的主动参与和批判性思维的发展，减少了学生自我探索和个性化学习的机会。

该模式通常遵循一套有序的步骤：首先，通过创设情境或提出问题来激发学生的学习兴趣和动机，这是启动学习过程的关键一步；随后，通过复习先前的知识点，建立起新旧知识之间的联系，为后续学习奠定基础；接着进入核心阶段——新课讲授，教师以清晰、系统的讲解帮助学生掌握新的概念和原理；之后是巩固运用阶段，通过练习和讨论等方式加深学生对新知识的理解和记忆；最后，通过测试或提问检查学生的学习成效，及时反馈以便调整教学策略。这一系列环节构成了传递–接受教学模式的核心，旨在高效地促进知识的传递与吸收，尽管其在促进学生主动学习方面存在局限，但在某些需要系统性知识构建的情境下仍具有不可替代的价值。

（2）九段教学模式

九段教学模式由美国杰出的教育心理学家罗伯特·加涅提出，它是将认知学习理论融入教学实践的一个典范。加涅坚信，教学的本质在于通过外部的引导和刺激，激发并促进学习者内在的心理变化和认知发展。基于这一理念，他细致地剖析了学习过程中学习者内部的心理机制，并相应地设计出了一套由九个连续阶段构成的教学策略，旨在使教学活动与学习者的心理活动保持同步，从而优化学习效果。

这一模式的起点是"引起注意"，通过吸引学习者的兴趣和注意力，为后续的学习奠定情感基础。其次，"阐述教学目标"让学习者明确学习的方向和预期成果。"刺激回忆"则鼓励学习者激活已有知识，为新知识的吸收建立联系。"呈现刺激材料"和"提供学习指导"两个阶段，教师精心安排学习内容和方法，引导学习者进行有效的信息加工。"诱发学习行为"要求学习者积极参与，尝试应用新知。"提供反馈"则是对学习者的反应给予即时评价，促进正向修正。"评价表现"检验学习者的掌握程度，而最后一个阶段"促进记忆与迁移"则致力于帮助学习者巩固所学，并学会在不同情境中灵活运用。

九段教学模式之所以受到广泛认可和应用，是因为它不仅强化了教师在教学中的引领作用，还注重激发学习者的内在动力，鼓励其主动参与和思考，加强了教与学之间的互动性和连贯性。同时，该模式的操作步骤清晰、具体，易于教师理解和实践，使其成为一种广受欢迎且实用的教学策略。

（3）引导发现教学模式

这种教学模式，专为认知领域设计，聚焦于问题解决能力的提升，强调学生的主动探索和独立思考，对于培养学生的探究精神和创新思维尤为有利。它假定学习者已具备一定的背景知识，这为深入理解新概念和技能奠定了基础，尤其在数学和自然科学等数理学科中展现出了显著的适用性和有效性。

该模式遵循一个严谨的流程，首先从"提出问题"开始，激发学生的好奇心和求知欲，引导他们面对实际情境中的挑战。随后，"产生假设"鼓励学生基于现有知识构建理论框架，推测可能的答案或解决方案。进入"验证假设"阶段，学生通过实验、观察或数据分析来检验自己的猜想，这一过程锻炼了他们的批判性思维和实证研究能力。最后，"总结结论"促使学生整合实验结果，提炼出规律性的认识，完成从疑问到解答的认知闭环，同时也促进了知识的记忆和迁移。

（4）掌握学习

掌握学习是一种以学生为中心的教学策略，其核心理念在于紧密贴合每个学生的独特需求和学习风格，确保所有学生都能充分理解并掌握课程内容，最终达成既定的教学目标。这一模式由一系列精心设计的步骤组成，旨在通过持续的评估和个性化的干预，促进每一位学生的成功。

首先，"学生定向"阶段明确了学习的目标和期望，帮助学生理解他们即将学习的内容及其重要性，同时激发其内在的学习动机。接下来，在"常规授课"环节，教师会采用多种教学方法传授知识，力求满足不同学习者的需求。紧接着的"揭示差错"步骤，则是通过即时反馈和定期测验，识别学生在学习过程中遇到的困难和误区，这一步骤对于调整教学计划至关重要。最后，"再次测评"确保学生已经掌握了之前不熟悉的概念或技能，如果仍有未达标的部分，则整个循环将重复进行，直至每位学生都达到预期的掌握水平。

掌握学习模式不仅提高了学生的学习成效，还增强了他们的自我效能感和对学习过程的积极态度，为建立一个包容、高效且响应迅速的教育环境奠定了基石。

（5）抛锚式教学模式

抛锚式教学模式，亦称情境认知或基于案例的教学法，倡导在丰富多变的真实生活场景或借助现代技术构建的虚拟环境中实施教学，以此激发学生的深度思考与批判性分析能力。这种模式的核心机制在于"锚"的概念，即一系列精心设计的、具有引人入胜情节的故事或案例，它们如同锚点般固定住教学流程，引导学生在具体情境中展开探索和学习。

在抛锚式教学中，教师不再单纯扮演知识传递者的角色，而是转变为学习过程的引导者和促进者。他们利用"锚"来营造一个宏观背景，这个背景不是静态的信息集合，而是一个充满活力、能够引发学生共鸣的舞台。学生被鼓励在这个舞台上主动参与，通过观察、提问、假设和验证等手段，深入理解并解决问题，从而提升自身的迁移能力和解决复杂问题的技巧。

这一教学模式强调学习的互动性和实践性，学生在解决实际问题的过程中，不仅能够巩固理论知识，还能培养创新思维和团队协作精神。由于其高度的情境化和参与性，抛锚式教学在全球教育领域内赢得了广泛的赞誉和应用，被视为一种有效促进学生全面发展和提升终身学习能力的先进教育理念。

（6）随机进入教学模式

在面对知识的复杂性和多维度时，实现对其全面且深刻的理解是一项挑战。单一视角下的认知虽然真实，但往往缺乏广度，容易导致片面的理解。为了克服这一局限，教学策略需要创新，倡导对同一教学内容在多元情境下、服务于多重目标、采用多样手法进行展现，避免知识的过度简化。理想的教育应当在不失知识真实性和复杂性的前提下，融合高度抽象与具体实例，构建出富有弹性的学习框架，以便于知识在不同情境中的灵活应用，扩大其迁移范围和适用领域。

"随机进入教学"便是这样一种旨在促进深度学习的教学模式，它强调知识的整体关联而非孤立片段。在这种模式下，学习者可以从多个切入点和路径接触相同的教学内容，每次学习都可能带来新的启示和理解，强化了知识的网络结构。这一过程通常包含几个关键环节：首先，通过生动的情境引入，激发学习兴趣；其次，进行随机进入的学习阶段，鼓励从不同角度探究主题；再次，通过思维训练深化理解和批判性思考；复次，组织小组协作，促进交流与共享；最后，进行学习效果的综合评估，确保知识的内化与整合。

这样的教学模式不仅丰富了学习体验，还促进了学习者对知识的多维度认知，有助于培养其在复杂环境中解决问题的能力，体现了教育的灵活性与包容性。

（7）支架式教学模式

支架式教学的概念深深植根于苏联心理学家维果茨基的"最近发展区"理论之中。维果茨基认为，学习者的独立解决问题能力与其在成人或更有能力同伴指导下的表现之间存在一个差距，这个差距即为最近发展区。这一理论强调，教育不应仅仅满足于学生当前的认知水平，而应主动引领他们超越现状，不断推进至更高层次的智力发展。建构主义学者将此理念比作建筑施工中的脚手架，意指教师应适时提供必要的支持与指导，帮助学生搭建起通往新知的桥梁。

在这一教学范式中，教师的角色如同脚手架，适时伸缩，既不越俎代庖，也不袖手旁观，而是根据学生的需求逐步撤除支持，促使学生自主学习。支架式教学策略包含一系列步骤：首先，教师搭建脚手架，设定学习目标与情境；其次，引导学生进入情境，激发其探索兴趣；再次，鼓励学生独立探索，培养其解决问题的能力，并在此过程中，促进学生间的协作学习，分享见解；最后，实施效果评价，反思学习成果，调整教学策略。

相比之下，传统的传递－接受教学模式和九段教学模式更侧重于教师的主导作用，而引导－发现教学模式、支架式教学模式、抛锚式教学模式以及随机进入教学模式则突出情景教学、学生中心以及合作与探究的学习风格，这些特点与信息化教学环境尤为契合。近年来，随着技术的发展，更多新型教学模式涌现，它们共同的特点在于推崇自主、合作、探究的学习方式，这不仅是信息化教学的核心要素，也与新课程改革的理念不谋而合。在这样的教学环境下，学生不再是被动的信息接收者，而是成为积极的参与者和知识的构建者。

3. 自主学习策略

自主学习策略的核心宗旨在于激发并维护学生内在的学习动力，强调个体在认知过程中的主导地位。这一策略的实施围绕着如何有效促进学生自我导向学习的目标展开，旨在让学生在学习旅程中扮演主动探索者与知识发现者的角色。在实施自主学习的过程中，教育者设计的学习活动与环境鼓励学生提出问题、寻求解答，并通过实践与反思来深化理解。这种方法不仅限于单一的教学模式，而是融合了诸如项目制学习、问题解决、研究性学习等多种形式，共同服务于同一个目的——培养学生的独立思考能力和问题解决技巧。在自主学习的框架下，学生不再仅仅是知识的被动接收者，而是转变为知识的积极构建者，通过自主探索与发现，实现深度学习和个人成长。

4. 协作学习策略

协作学习作为一种富有成效的教学策略，倡导的是通过小组或团队的集体努力来达成特定的学习目标。在这种模式下，学生被鼓励在一个支持性的环境中，以和谐的伙伴关系共同参与学习活动。他们从不同的视角出发，对同一议题进行深入探讨，彼此分享见解、交换意见，从而达到优势互补、共同进步的目的。协作学习超越了个人学习的局限，它要求成员间平等分担任务，共享可用的学习材料与信息，协同解决问题。这种互动不仅促进了知识的吸收和巩固，还培养了学生的社交技能、沟通能力和团队协作精神。当小组成功地完成任务时，所有参与者都能体验到集体成就感，这种正向的情感反馈进一步激励着他们在未来的学习中持续合作，形成良性循环。协作学习的精髓在于，它将孤立的学习转变为一场集体探险，让每个参与者都能在互助与共创中收获成长。

常见的协作学习策略有讨论策略、角色扮演策略、竞争性学习策略、协同学习策略和同伴学习策略。

（1）讨论策略

在协作学习框架内，讨论策略的应用往往依赖于教师的精心策划与指导，以确保学习活动的有效性和针对性。教师扮演着关键角色，负责设定讨论议题，这些议题既可以是预设的，也可以是即兴的。当主题预先确定时，学生能够提前准备，这有助于促成更深入、更有结构的对话，多数协作学习场景便遵循这一模式。然而，在实际教学中，也常见到教师引入未预见的话题，旨在激发学生的即时反应与批判性思考，提升他们的适应能力和问题解决技巧。这两种情境下的课堂讨论，尽管起点不同，但都致力于促进学生之间的思想碰撞与知识建构，通过集体智慧的汇聚，深化理解并拓宽视野。教师的灵活引导，无论是围绕已知主题还是探索未知领域，都是为了营造一个开放而富有挑战的学习环境，让学生在互动中学会倾听、表达和协作，从而全面提升其学术与社会交往能力。

（2）角色扮演策略

角色扮演作为一种教育策略，广泛应用于课堂教学中，它主要分为师生角色扮演与情境角色扮演两种形式。在师生角色扮演中，学生交替承担学习者与指导者的身份，这种互动不仅促进了问题的深度探讨，还增强了学生间的相互支持与合作。当一名学生作为学习者尝试解决问题时，另一位扮演指导者的同学会密切观察，一旦发现错误或困惑，便适时介入，提供必要的帮助与澄清，这一过程有助于巩固知识，同时培养学生的批判性思维和同伴教学能力。

另一方面，情境角色扮演则构建了一个与学习主题紧密相连的虚拟场景，学生依据剧本或设定，分别扮演不同的角色，共同创造出一种沉浸式的体验环境。通过这种方式，学生能够更加直观地理解和感受学习内容，将抽象的概念与具体的情境联系起来，从而加深对主题的理解和记忆。例如，在历史课上，学生可以扮演特定时期的人物，通过模拟对话和行动，亲身体验历史事件的复杂性和多维度，这不仅增加了学习的乐趣，也提高了学生的参与度和同理心。

（3）竞争性学习策略

竞争性学习，作为数字化时代的一种创新教学策略，鼓励两名或多名学习者围绕相同的学习材料或情境，借助互联网平台展开一场有组织的竞争。这种模式下，参与者的目标明确，即率先达成课程设定的教学目标，如正确解答问题、完成任务或掌握技能。竞争的紧张氛围激发了人的天性——对胜利的渴望，促使学习者高度集中注意力，投入更多精力与智慧于学习过程之中，因此往往能够收获显著的学习成效。

实施竞争性学习策略时，教师扮演着至关重要的角色，需精心策划以确保活动的正面效果。首要任务是合理匹配竞争双方，力求公平，避免实力悬殊导致部分学生因屡战屡败而丧失信心，陷入沮丧情绪。同时，教师应精心构思竞争主题，使之既富有吸引力又能促进知识深化，将学生不甘落后的心理，转化为持续探索与学习的动力。通过这样的设计，不仅可以增强学习的趣味性和互动性，还能有效防止负面情绪的滋生，引导学生在健康、积极的竞争环境中成长，最终实现个人能力的全面提升与集体智慧的共享。

（4）协同学习策略

协同学习，作为一种促进深度理解和知识建构的教育策略，强调多名学习者集结智慧，合力攻克特定的学习挑战。在这个过程中，每位参与者依据自身的认知风格和强项贡献独特的视角和技能，通过讨论、协助、指导以及团队内部分工，共同推进任务的完成。这种交互式的学习环境促进了思维碰撞，不仅加强了对学习材料的把握，还培养了批判性思考、解决问题的能力以及团队协作精神。

在协同学习的框架下，学生不再孤立地面对学习难题，而是成为一个动态学习社群中的活跃成员。他们通过与同伴的密切交流和合作，不仅能从他人那里获得新的见解和策略，还能在教授他人的过程中巩固自己的理解，这种双向的信息传递极大地丰富了学习体验。此外，协同学习还鼓励学生承担不同的角色和责任，这有助于发展领导力、沟通技巧和社交能力，使他们在未来的学习和职业生涯中更加得心应手。

（5）同伴学习策略

在日常的学习场景中，我们经常看到学生们倾向于与熟悉的朋友结伴完成作业，形成一种自然的同伴学习模式。在这种模式下，每个人通常会独立处理自己分内的任务，但当遇到难以逾越的障碍时，便会自然而然地发起讨论，从彼此的思路中汲取灵感，共同寻求解决方案。这种即时的互动不仅能够加速问题的解决，还能激发新的学习策略和方法。

同伴学习策略正是对这一现象的有意识应用，它旨在营造一个学习环境，让学生们意识到在求知的旅途中并不孤单，总有一个可靠的同伴与之并肩作战。这样的伙伴关系不仅提供了情感上的支持，增强了学习的韧性和动力，还促进了知识的深度加工和理解。因为在与同伴的交流中，个体的视野得以拓宽，原先可能受限于个人经验的思考路径会被打破，进而激发出创新的见解和更为全面的解决方案。

更进一步，同伴学习策略鼓励学生之间建立积极的互动模式，通过持续的对话和反馈，双方都能在教学相长的过程中获益。这种模式下的学习效率往往更高，因为两个人或多个人的头脑风暴相比单打独斗，能够更快地识别问题的关键点，并找到更有效的解决途径。

二、大数据时代下慕课的基本特征与课程模式

（一）慕课的基本特征

慕课，作为数字时代教育的革新形态，其核心特性彰显了教育的转型与升级。

第一，开放性，这一特性让优质的教育资源跨越地理界限，触手可及。只要有互联网连接，不论是计算机还是智能手机，学习者即可自由访问慕课平台，自主挑选心仪的课程进行深造，享受无边界的知识盛宴。

第二，互动性，互动性是慕课的另一大亮点，它构建了一个动态的交流空间，使学习者与授课教师之间能够实时沟通，有效解决学习过程中的疑惑。此外，多元化的学习者背景带来了丰富的视角碰撞，促进了思维的拓展与深化，共同推动知识的消化与内化。

第三，全面性，慕课的全面性体现在其课程内容的广泛覆盖上，从基础科学到人文艺术，乃至前沿技术领域，应有尽有。随着慕课平台的不断进化，学科边界被逐步打破，形成了一个包罗万象的在线学习生态圈。

第四，广泛性，广泛的参与度是慕课不可忽视的特点，它汇聚了全球各地的学习者与顶尖教育者，实现了教育资源的全球共享。无论身处何方，只要有学习的热情，就能加入这场知识的盛宴，而优秀的师资力量也能通过慕课平台跨越国界，传播智慧的光芒。

第五，实用性，实用性确保了慕课内容的质量与价值，每一门课程都是围绕明确的教学目标精心设计，提炼出学科精髓，旨在提升学习效率，满足不同层次的学习需求。

第六，便捷性，慕课的便捷性极大地方便了现代快节奏生活下的终身学习者。无论何时何地，只需轻轻一点，便可沉浸于知识的海洋。课程通常被切割成易于消化的小节，每个片段聚焦于关键知识点，配合合理的时长规划，帮助学习者高效吸收新知，同时维持高度集中的注意力，真正做到了随时随地学习，轻松掌握核心概念。

（二）cMOOC 课程模式及 xMOOC 课程模式

在慕课的发展过程中，有基于连通主义学习理论的 cMOOC 和基于行为主义学习理论的 xMOOC 两种不同教学理念和特征的课程模式。

1. cMOOC 课程模式分析

在连接主义大规模开放在线课程（cMOOC）的学习框架下，参与者开启了一段独特的探索之旅。首先，他们沉浸在课程大纲与结构中，完成注册手续，为后续的学术征途铺平道路。随后，学员们尽情汲取由导师精心准备的学习素材，这些资源形式多样，涵盖了文本、多媒体以及各类互动工具，旨在激发深层次的认知思考。

cMOOC 鼓励深度参与和社交学习，学员不仅被动接收信息，而是积极投身于线上研讨会、专题讲座，以及各式各样的小组讨论中。在这个过程中，个人见解与集体智慧相互碰撞，营造出一个充满活力的对话空间。更有创意的是，学习者被赋予了创作

的自由，他们可以录制音频、拍摄视频，甚至开发其他类型的原创内容，然后大方地与社群分享，这种实践不仅加深了理解，也促进了知识的传播。

社会化媒体成为 cMOOC 不可或缺的一部分，微博、博客等工具被巧妙地融入学习策略之中，帮助构建起一个覆盖个人与群体的复杂网络。学员们利用这些平台，不仅扩展了学习的维度，还建立了持久的学习联盟，彼此间的联系如同一张错综复杂的知识网，支撑着每个人的成长。

cMOOC 的核心特征在于重新定义了教师的角色，他们不再是传统的知识传递者，而是成为学习旅程的引路人和促进者。课程的设计更侧重于激发学习者的内在动力，鼓励自我导向的学习方式。在这样的环境中，学习者主动寻求信息，自发地与他人合作，形成一个相互支持的生态系统，其中知识的创造与共享成为常态。

有了这种模式，学习者不再孤立无援，而是置身于一个充满活力的社区，这里的思想自由流动，不同视角的交汇催生出新的理解和洞见。cMOOC 强调通过社会性的互动与合作，构建个人与集体之间的知识链接，最终达到共同成长的目的。

2. xMOOC 课程模式分析

xMOOC，作为慕课的一种重要形态，代表着对传统教育模式的数字化转型与革新。与 cMOOC 强调的连接主义学习不同，xMOOC 更倾向于遵循结构化、有序的教学流程，其设计初衷是通过互联网技术，将大学校园内的高质量教育资源，以更加灵活便捷的形式，传递给全球范围内的求知者。

xMOOC 的课程通常在特定时间启动，这要求学习者事先做好规划，了解课程概览与时间表，并完成注册手续。学习周期往往比常规学期紧凑，大约持续十周，这期间，慕课平台会提供一系列的学习工具，如视频讲座、在线论坛、电子课本及各类测评，以支持学习进程。

课程启动后，讲师将有计划地上传定制的教学资料，包括授课视频，这些视频并非简单复制线下的课堂实况，而是专为 xMOOC 量身打造，有时配备多语言字幕，进一步拓展了受众群体。视频通常被分割成较短的片段，穿插即时提问与小测验，这一设计旨在增强学习者的专注度与互动性，确保学习成效，同时也便于学习者自我调整学习节奏，追踪进度。

除了观看视频，xMOOC 还要求学习者完成阅读任务和作业，后者往往设有明确的提交期限，成绩评定可通过自动化在线评分、自评或同侪互评实现。此外，定期的小测验与期中期末考试也是课程的重要组成部分，需在规定时间内完成，以检验学习成果。为保障学习诚信，xMOOC 倡导诚实独立的学习态度，并与第三方机构合作，如 edX、Udacity 与培生，为学习者提供安全可靠的考试环境。

在线讨论区为学习者搭建了虚拟交流平台，而线下聚会则弥补了面对面互动的缺失，增强了社群的凝聚力。顺利完成课程并通过考核的学习者，将有机会获得认证证书或学分，为他们的努力与成就加冕。

3. cMOOC 与 xMOOC 的比较

在慕课领域，cMOOC 与 xMOOC 代表了两种截然不同的教育哲学与实践路径。cMOOC，即连接主义大规模开放在线课程，其核心理念在于构建一个知识共享的生态，鼓励学习者之间的互动与协作，从而激发创新思维和自主学习能力。这种模式下，知识被视为动态发展的网络，学员通过参与、探索和连接，共同构建和扩展知识体系，促进个人与集体智慧的增长。

相比之下，xMOOC，即扩展型大规模开放在线课程，更倾向于采用传统的教学方法，聚焦于内容的传授与吸收。它的设计灵感源于实体教室，通过结构化的课程大纲、定期的视频讲座、练习题和测试，引导学生系统地学习专业知识。xMOOC强调的是知识的标准化交付，以及对学习成果的量化评估，力求为广大学习者提供与校园教育相媲美的在线学习体验。

在慕课发展的历史长河中，xMOOC因其与现有教育体系的兼容性和可扩展性，逐渐占据了主导地位。xMOOC不仅满足了大规模在线教育的需求，还能够无缝对接正式教育体系中的学分制度，为学习者提供官方认可的课程证书。尽管如此，cMOOC所倡导的连通主义精神和知识共创价值，在推动教育创新方面仍扮演着不可忽视的角色，二者相辅相成，共同塑造着未来教育的多元化图景。

第五章

大数据环境下的高校图书馆服务创新

第一节　大数据环境下高校图书馆的服务创新

一、高校图书馆服务创新

（一）高校图书馆服务创新的动力

1. 内在动力

准确理解并掌控高校图书馆服务创新的驱动力，是实现服务升级与革新的基石。高校图书馆的服务创新动力源，不仅根植于图书馆自身的内在需求，同时也深受外部环境变化的影响，两者相互交织，共同催化着图书馆服务模式的革新。

从内部视角审视，图书馆的自我进化愿望、技术装备的更新换代、馆藏资源的数字化转型以及对用户需求日益深化的理解，都是推动服务创新的关键内因。图书馆管理者和员工的创新意识与专业素养，同样构成了内部动力的重要组成部分，他们对于提升服务质量、优化用户体验的不懈追求，是服务创新得以持续的重要保障。

而从外部视角看，高等教育体系的整体变革、信息技术的飞速发展、社会对知识与信息需求的激增，以及同行间的竞争压力，都成为高校图书馆服务创新的外在推手。特别是信息化时代背景下，大数据、云计算、人工智能等新兴技术的应用，为图书馆服务创新提供了前所未有的机遇与挑战，促使图书馆不断探索与实践，以适应新时代的学习与研究需求。

（1）可持续发展战略

高校图书馆的可持续发展战略，实质上是一幅前瞻性的蓝图，它不仅勾勒出图书馆未来发展的方向，而且是引领所有服务与活动有序展开的核心纲领。将服务创新作为战略规划中的关键环节，能够确保图书馆在变革中稳步前行，有效整合资源，提升服务效能，满足学术社群日新月异的需求。

通过将服务创新融入可持续发展战略，高校图书馆能够系统性地评估与优化其服务体系，不断引入先进的理念和技术，增强自身在知识经济时代的适应力和竞争力。这种策略性的创新不仅有助于图书馆保持其核心价值——为教学、科研及学习提供卓越的信息资源和服务，还能激发潜在的增值服务潜力，促进图书馆与用户之间的深度互动，从而构建更加紧密的知识共享社区。

长远来看，可持续发展战略下的服务创新，能够为高校图书馆营造一种良性循环的发展生态，使其在面对外界环境的不确定性时，仍能保持清晰的目标定位和稳健的发展步伐。这不仅有益于图书馆自身的长久稳定成长，也为所在高校乃至更广泛的社会文化圈层注入了源源不断的创新活力，彰显了图书馆作为知识殿堂的独特魅力与时代使命。

（2）高校图书馆馆员

高校图书馆馆员作为连接知识宝库与求知者的桥梁，扮演着至关重要的角色。他们是服务创新的催化剂，凭借与用户频繁且深入的交流，能够敏锐捕捉到用户的真实需求与潜在期待，从而激发创新灵感。馆员的专业素养与广博知识，为图书馆服务的革新提供了丰富的思想土壤，使得每一次服务升级都能更加贴近用户的心，提升用户体验。

在服务创新的实践层面，馆员不仅是构想者，更是执行者与问题解决专家。他们亲历创新方案的落地过程，能够迅速识别并应对实施中出现的各种挑战，确保创新举措的有效性和可行性。馆员的双重身份，不仅加速了服务创新的转化效率，还促进了图书馆内部的持续改进，使得每一次服务迭代都成为一次学习与成长的机会。

2. 外在动力

（1）政策环境

在知识经济蓬勃发展的时代背景下，我国积极响应时代号召，提出了"科教兴国"的宏伟战略，旨在通过科技与教育的双轮驱动，加速国家经济的转型升级。高校，作为国家知识创新体系中的核心节点，承载着培养高层次人才与促进科学研究的双重使命。高校图书馆，作为知识与信息的汇聚之所，肩负着引领服务创新、深化学术支撑的重大责任，以期更有效地服务于教学科研，助力国家经济发展。

为了实现这一目标，高校图书馆应当积极拥抱变革，从传统的文献收藏机构向现代的信息服务中心转型。这不仅意味着要系统性地整理与优化现有实体馆藏，确保其学术价值与使用效率最大化，更要求图书馆充分利用互联网信息技术，构建全面覆盖、深度整合的数字化信息资源体系。

（2）技术环境

在当今信息技术日新月异的时代，数字化浪潮正深刻重塑着高校图书馆的服务模式与功能定位。面对这一趋势，图书馆迎来了前所未有的机遇与挑战。网络化环境的普及与深化，成为推动高校图书馆服务创新的关键引擎，促使图书馆不断探索与实践新型服务理念和技术应用。

为了适应这一变化，高校图书馆需主动拥抱现代信息技术，如云计算、大数据、人工智能等前沿技术，以提升服务效能与用户体验。这意味着图书馆不仅要持续更新传统服务方式，还要积极探索线上资源的开发与整合，构建开放共享的数字平台，为用户提供全天候、无缝隙的信息获取途径。此外，个性化定制服务、远程参考咨询、虚拟阅读空间等新兴服务形态，也将成为高校图书馆拓展服务边界、满足用户多元化需求的重要手段。

（3）竞争环境

在信息科技迅猛发展的当下，互联网孕育了众多服务提供商，涵盖了从通用搜索引擎到专业领域知识库的广阔范围。与此同时，实体空间中的公共图书馆、文化沙龙及各类阅读角落亦如雨后春笋般涌现，共同构成了一个充满活力的知识服务生态系统。这股竞争潮流对高校图书馆而言既是考验，也是激发创新潜能的催化剂。

面对如此激烈的市场环境，高校图书馆必须敏锐捕捉时代脉搏，灵活调整策略，以差异化优势吸引并维系其核心用户群体。通过深度挖掘学术研究与教学活动的需求，图书馆可以强化其作为知识枢纽的地位，不仅提供海量信息资源，更要成为促进知识创造与交流的平台。利用先进的信息技术，如智能检索系统、数据可视化工具以及定制化学习空间，图书馆能够创造出更为个性化、互动性更强的学习体验。

同时，高校图书馆应积极寻求与其他机构的合作，建立跨领域的资源共享网络，拓宽服务边界，为用户带来更加全面和深入的知识服务。通过持续优化服务质量，结合自身的学术底蕴与专业特色，高校图书馆不仅能在竞争中立于不败之地，更能引领知识服务行业的创新方向，成为用户心中无可替代的知识宝库。

（4）用户需求变化

在信息化浪潮的席卷下，高校图书馆面临着用户需求日益复杂且多元的新常态。随着社会变迁与科技进步的双重催化，用户对信息资源的渴求不仅在量级上显著提升，更在精准度与即时性方面设立了全新标杆。当代学子及学者已习惯于在无垠的网络空间中自由探索，信息获取不再受限于物理界限，图书馆的传统角色正经历着深刻转变。用户对于信息品质的期待值水涨船高，促使图书馆必须超越简单的资料存储功能，转型为知识导航与创新思维的孵化器。

置身于网络化生态之中，用户所处的信息景观瞬息万变，催生出更为个性化与情境化的需求模式。在此背景下，服务创新成为高校图书馆永恒的主题，旨在贴合用户动态需求，构建起无缝对接的智慧服务框架。图书馆应当主动融入用户的生活场景，采用定性与定量分析相结合的方法，洞察需求演变的内在逻辑，进而设计出更加精细化、定制化的解决方案。无论是通过虚拟参考咨询、智能推荐系统，还是开展专题工作坊与数据管理培训，图书馆均需以用户为中心，不断迭代服务理念与技术手段，确保每位访客都能享受到高效、精准且富有温度的知识服务体验。

（二）高校图书馆服务创新的构成要素

1. 资源

资源要素作为高校图书馆核心竞争力的基石，承载着连接过去与未来的桥梁作用，既是历史积淀的体现，亦是未来发展的催化剂。这一要素不仅涵盖了丰富的实体文献遗产，还囊括了由互联网革命催生的海量数字与电子资源，共同构成了图书馆服务创新的肥沃土壤。在数字化转型的浪潮中，高校图书馆需双管齐下，一方面深耕传统馆藏，延续其在学术研究与文化传承中的不可替代性；另一方面，紧握信息技术的利剑，勇攀网络信息资源的高峰，通过对纷繁复杂的在线数据进行深度剖析，提炼出真正有价值的知识精华。

面对网络信息的海洋，高校图书馆扮演着导航者的角色，运用先进的信息处理技术和算法，如同淘金者般筛选、净化信息流，剔除冗余与误导信息，为用户呈现纯净、高质量的知识内容。图书馆员的专业技能与智慧，在此过程中显得尤为重要，他们不仅是信息的管理者，更是知识的策展人，致力于构建一个多维度、高效率的学习平台。通过提供定制化检索、数据可视化、学术交流空间等增值服务，高校图书馆不仅提升了用户体验，还进一步强化了其作为知识创新中心的地位，不断推动着教育与科研领域的边界拓展。

2. 用户

高校图书馆的核心使命在于服务其多元化的用户群体，他们是图书馆创新与发展的动力源泉。这一用户群体大致可分为两大类：学习型用户与研究型用户。前者，主要由在校学生、职业进修者及短期培训参与者构成，其需求聚焦于专业课程资料、教辅图书以及辅助学习材料；而后者，通常指的是学术界与科研领域的专家，他们寻求的是前沿研究文献、权威学术著作及翔实的研究报告，以滋养其探索未知的创造性工作，这代表了一种更为专业、层次更高的信息需求。

在学科体系日益丰富与交织的当下，新兴的交叉学科与边缘学科不断涌现，促使用户的信息需求呈现出多元化与复杂化的特点。同时，互联网技术的迅猛演进不仅催生了海量的在线资源，更重塑了用户获取信息的方式，网络已成为首要的信息搜寻渠道。然而，这一转变对用户的数字素养提出了全新挑战，要求他们不仅要掌握计算机操作与外语，还须具备高效的信息检索技巧及综合分析能力。

鉴于此，高校图书馆肩负起提升用户信息素养的重任，通过开展信息素养教育、优化检索系统、提供个性化服务等措施，旨在培养用户成为信息时代的智者，从而全面提升图书馆的服务效能与学术影响力。在这个过程中，图书馆不仅是信息的存储地，更是知识的孵化器，促进学术交流、激发创新思维，为用户搭建起通往知识殿堂的桥梁。

3. 馆员

在高校图书馆的服务生态中，馆员扮演着不可或缺的角色，他们是优质服务的直接提供者，也是推动服务创新的关键力量。图书馆服务的本质在于馆员与用户之间的深度互动，这一过程不仅涉及信息的传递，更是创意与需求碰撞的舞台。在这里，馆员通过细致观察与倾听，精准捕捉用户的真实诉求；用户则大胆发声，分享见解与期待，共同孕育出服务创新的火花。

随着信息化浪潮的席卷，图书馆的传统角色正经历深刻变革。过去，馆员被视作纸质文献的守护神，负责文献的收集、分类与保存，确保知识的有序传承。如今，面对数字化转型的大潮，图书馆的服务边界被极大拓展，涵盖了电子资源管理、数据挖掘、知识导航等多个维度。因此，馆员的角色也随之升级，从简单的文献管理者转变为信息顾问、技术专家与用户体验设计师。

为了应对这些挑战，图书馆馆员的专业素养与综合能力显得尤为重要。他们不仅需要掌握信息科学的基础知识，还要精通现代信息技术，具备敏锐的洞察力与创新意识，以及卓越的沟通技巧与用户服务能力。唯有如此，才能确保图书馆服务的与时俱进，满足用户日益增长的知识渴求，将高校图书馆打造成为知识共享与学术创新的活跃平台。

4. 技术

在当今时代，现代信息技术的迅猛发展正深刻重塑着高校图书馆的服务面貌与功能边界。科技的力量不仅极大地丰富了图书馆的服务内容，更将传统的实体空间服务延伸至无垠的数字世界。数字化资源的兴起，标志着图书馆从静态的文献存储中心转型为动态的知识交流平台，这背后离不开网络技术、数字化技术、多媒体技术、通信技术以及数据库技术等多元技术群的支撑与融合。

网络技术如同无形的纽带，将全球范围内的信息资源整合为触手可及的"知识云"，使得远程访问、即时分享成为可能。数字化技术则让古老的图书焕发新生，珍贵文献得以数字化保存，既保护了文化遗产，又促进了广泛传播。多媒体技术的应用，让图书馆的服务形态更加生动多样，音频、视频、动画等形式的信息资源，为用户提供了沉浸式的学习体验。通信技术的进步，如移动互联网和物联网，让图书馆服务突破时空限制，实现随时随地的信息获取。而数据库技术，则是这一切服务背后的强大支撑，它构建了海量信息的索引体系，使得精准检索、个性化推荐成为现实。

（三）高校图书馆服务创新的理念

1. 个性化服务理念

创新的萌芽往往源自对现状的深刻反思与不满，尤其在瞬息万变的市场与行业趋势下，高校图书馆面临着前所未有的挑战与机遇。传统服务模式的局限性日益凸显，难以契合用户日益增长且多元化的信息需求，亦难与社会信息化同步。因此，服务创新不仅是应对挑战的必要手段，更是确保高校图书馆持续繁荣与发展的关键策略，其核心在于革新理念以前瞻性的视角把握市场脉搏与行业未来。

在这一背景下，高校图书馆的个性化服务理念应运而生，其精髓在于"以人为本"的原则，借助前沿的网络信息技术，深度挖掘并响应每位用户的独特需求。这种服务模式超越了单纯的信息传递，致力于构建一个智能化、定制化的信息生态，其中，信息的筛选、整合与推送均围绕用户画像展开，旨在提供一种既高效又贴心的个性化体验。

具体而言，个性化信息服务涵盖两重维度：首先，图书馆通过大数据分析等技术手段，洞悉用户的行为模式与偏好，从而主动推送定制化的内容，如学术论文、研究报告或行业资讯，确保信息流的精准与及时；其次，赋予用户高度的自主权，允许他们在交互界面上自定义搜索参数，包括但不限于主题领域、信息类型、呈现格式及来源渠道，以此促进信息的有效利用与深度探索，激发知识创新与学术交流的活力。

2. 资源共享理念

高校图书馆的资源共享理念，根植于合作共生的精神，强调在自愿、平等与互利的原则下，构筑跨馆乃至跨界的合作网络。通过深度融合现代互联网信息技术，这一理念推动了信息资源的无缝对接与广泛流通，旨在打破地域与馆藏界限，最大化满足用户多样化的知识需求。

在实践中，高校图书馆借助网络信息技术的力量，加速推进信息资源的电子化、数字化与网络化进程，构建起一个互联互通、资源共享的虚拟知识生态圈。这一平台不仅集成了各馆的特色资源，还促进了数据的标准化与操作性，使得用户能够跨越物理空间，高效访问与利用全球范围内的学术文献、数据库及其他信息资产。

资源共享的核心价值在于，它不仅显著提升了资源利用率与服务效能，还促进了学术交流与创新思维的碰撞，为教育科研提供了更为广阔的信息支撑。通过协同合作与技术赋能，高校图书馆正逐步转型为知识共享的枢纽，引领着信息时代下图书馆事业的新篇章。

3. 以人为本理念

秉持"服务至上"的核心价值观，高校图书馆将工作重心聚焦于"以人为本"的服务理念，这一理念深刻体现了对人的关怀与尊重。它意味着图书馆的一切举措皆围绕着人的需求展开，致力于营造一个既充满人文关怀又激发个人潜能的学习环境。图书馆员作为这一理念的践行者，不仅须具备卓越的专业技能，更要持续提升自身的综合素质，以适应不断变化的用户需求与技术革新。

同时，高校图书馆深知，真正的"以人为本"不仅限于提供资源和服务，更应积极引导用户成长。因此，图书馆主动承担起教育者的角色，通过开展一系列培训活动，增强用户的信息素养与检索技巧，使他们能够更加有效地利用图书馆资源，促进自主学习与研究。这种双向互动不仅提升了图书馆的服务质量，也深化了图书馆与用户之间的关系，共同构建了一个更加开放、包容、高效的知识共享平台。在此过程中，图书馆员与用户携手并进，共同探索知识的边界，实现了图书馆服务的创新与升级。

4. 知识服务理念

在知识经济的时代浪潮中，知识服务理念应运而生，它标志着对信息资源的深度挖掘与智慧应用。高校图书馆作为知识传播与创新的重要阵地，肩负着将海量信息转化为实用、精准知识的重任。这不仅仅是简单的信息传递，而是依托强大的信息搜索、分析与整合能力，形成一种以解决实际问题为导向的服务体系。图书馆致力于从纷繁复杂的资料中提炼出有价值的知识精华，再将其无缝对接至用户的学术研究与日常学习之中，激发创新思维，推动知识的创造与传播。

鉴于高校图书馆的用户群体多为具备深厚学术底蕴的师生，其知识服务需求自然呈现出高度的专业性和探索性。因此，图书馆必须精耕细作，深入剖析各类知识领域，量身定制满足特定学术需求的服务方案。无论是文献检索的个性化指导，还是学科前沿的专题研讨，抑或数据资源的智能推荐，图书馆都应以用户为中心，提供多层次、高价值的知识服务，助力学术社群在知识的海洋中扬帆远航，实现智慧与创新的双重飞跃。

二、技术创新与服务创新的关系分析

（一）技术与服务的关系

1. 定义关系

在当今科技驱动的世界里，技术与服务之间存在着一种动态的共生关系，我们称之为"定义关系"。这种关系揭示了技术如何塑造服务的形态和边界。每当技术创新涌现，它就如同一把钥匙，开启了服务创新的大门，使得基于技术的服务能够以前所未有的方式进化和革新。例如，云计算技术的成熟不仅改变了数据存储的方式，还催生了诸如软件即服务（SaaS）、平台即服务（PaaS）等新型服务模式，极大地提升了企业的灵活性和效率。同样，人工智能的进步让个性化推荐、自动化客服成为可能，从而提升了用户体验，创造了新的市场机遇。这种定义关系强调了技术在服务创新中的核心地位，以及它如何持续地重新定义我们对服务的期待和体验。

2. 替代关系

在数字化转型的浪潮中，一种被称为"替代关系"的现象正在悄然改变服务行业的面貌。这种关系的核心在于，技术设备逐步取代了传统的人工服务角色，将原本依赖于人与人之间直接互动的服务场景，转化为用户与智能技术之间的无缝对接。迈尔斯的观点指出，这种转变不仅是服务形式上的简单替换，更是一种深刻的传递创新，它重塑了服务交付的本质。以图书馆为例，曾经，图书的借阅、归还、查询等过程高度依赖图书馆员的专业操作；如今，随着计算机管理系统的普及，用户可以自主使用电子目录检索图书，通过自动借还书机完成借阅流程，甚至在线上平台远程访问资源。这一系列变化不仅大大提高了服务效率，也丰富了用户体验，体现了技术进步给服务领域带来的深刻变革。

3. 决定关系

在当今快速发展的科技环境中，技术的力量正以前所未有的方式塑造着服务业的未来，我们称之为"决定关系"。这种关系揭示了技术如何成为服务演进和革新的关键驱动力，每一次新技术的引入或是既有技术的创新，都有能力彻底改造现有的服务模式，赋予它们全新的生命力。以图书馆行业为例，传统的参考咨询服务通常需要用户亲自到访图书馆，面对面地向馆员咨询问题。然而，随着数字化时代的到来，这种服务已经经历了根本性的转变。现在，用户可以通过网络平台，利用即时通信、视频会议、社交媒体等多种渠道，随时随地获得专业且个性化的参考咨询服务。这种数字化参考咨询服务不仅打破了地理限制，提升了服务的可达性和便利性，还极大地丰富了信息交流的形式，使得用户能够更加高效地获取所需知识。技术的革新，正如一把钥匙，开启了服务创新的大门，引领着服务业向着更加智能化、个性化和高效化的方向发展。

4. 传播关系

在信息与服务交织的当代社会，传播关系凸显了服务作为技术传播和扩散载体的重要角色。这一概念深刻阐述了服务行业如何在接纳并整合新兴技术的同时，成为推动这些技术广泛普及和深化应用的关键力量。以图书馆服务为例，随着信息时代步伐的加快，图书馆不再仅是纸质文献的仓库，而是转型为数字化信息的集散地。通过引入现代信息技术，图书馆不仅实现了资源的数字化存储，还极大地拓展了信息资源的传递范围和速度。这一过程中，数字化技术、通信技术、数据库技术和多媒体技术等得到了前所未有的实践机会，它们的应用从理论走向现实，从单一场景扩展至多元服务领域。图书馆作为服务提供者，不仅是技术的使用者，更成为技术传播的桥梁和加速器，促进了技术在更广阔的社会层面中的理解和采纳。这种双向互动不仅丰富了服务的内容和形式，也加速了技术创新的步伐，形成了技术与服务相互促进、共同发展的良性循环。

5. 生产关系

生产关系在服务与技术的互动中占据核心地位，它揭示了服务行业不仅是技术的消费者，更是技术演进和革新的催化剂。在这一动态过程中，服务企业扮演着双重角色——既是技术需求的提出者，也是技术创新的驱动者。以图书馆自动化管理系统为例，随着图书借阅、归档、检索等服务需求的日益复杂化，传统的人工管理方式逐渐显得力不从心。正是在这种背景下，图书馆作为服务的提供者，催生了对自动化管理系统的迫切需求。这一需求不仅激发了外部软件开发商的创新热情，促使他们研发出能够满足图书馆高效率、智能化管理要求的新技术，同时也激励了一些图书馆内部的技术团队投身于自主开发之中，探索更加贴合自身需求的解决方案。通过这一过程，图书馆不仅提升了自身的服务水平和运营效率，还间接促进了信息技术领域的进步，为其他服务行业提供了可借鉴的技术模板。

（二）技术创新与服务创新

1. 技术创新与服务创新的关系

在探讨技术创新与服务创新的交织作用时，我们发现二者间存在着深刻的相互依赖和促进关系，尤其在高校图书馆这一知识密集型环境中表现得尤为明显。首先，技术要素作为高校图书馆服务创新的关键驱动力之一，不仅局限于单纯的硬件升级或软件更新，更涵盖了对服务流程、用户体验以及信息传递方式的全面革新。服务创新超越了单纯的技术范畴，融合了管理理念、文化环境、用户参与度等多元化的非技术因素，构建了一个综合性的创新生态。

其次，技术创新在服务创新中扮演着基石的角色，它为高校图书馆提供了先进的工具和平台，使得个性化服务、远程访问、智能检索等功能得以实现，极大地拓宽了服务边界，提升了信息获取的便捷性和准确性。图书馆通过持续的技术投入，不仅优化了资源管理效率，还激发了师生的学术研究潜力，实现了服务质量的质变。

最后，服务创新与技术创新呈现出一种双向赋能的态势。一方面，技术提供商需紧密对接高校图书馆的实际需求，以用户为中心，开展定制化技术创新，确保技术成果能够无缝融入图书馆的日常运作和服务创新活动中；另一方面，高校图书馆作为技术应用的前沿阵地，其对新技术的采纳与实践加速了技术的成熟与普及，同时反馈的使用体验和改进建议也为技术迭代提供了宝贵的实证依据。

2. 服务创新中的技术维度

在当今社会，技术的发展正以前所未有的速度改变着我们的生活，然而，技术的双刃剑效应也日益凸显——在科学维度的光芒下，人文维度往往被忽视，导致技术理性与人文关怀之间的鸿沟日益加深。对于高校图书馆而言，这不仅是一场技术革命，更是一次人文回归的呼唤。图书馆作为知识的殿堂，承载着传承文明、启迪智慧的使命，它的发展需要科学精神与人文精神的双重滋养。

科学精神在高校图书馆的体现，是利用现代信息技术，如大数据分析、人工智能、云计算等，提升信息处理能力，优化馆藏结构，增强服务效能，使用户能够更加高效、精准地获取所需知识资源。而人文精神，则强调图书馆工作的核心价值在于"人"，即以用户为中心，关注用户的情感体验，尊重用户的个性需求，致力于创造温馨、包容、开放的学习氛围，让图书馆成为连接知识与人心的桥梁。

在实践中，人文精神与科学精神的融合，意味着高校图书馆既要拥抱科技带来的便利，也要坚守文化的温度，避免成为冰冷的数据仓库。图书馆工作者应兼具技术素养与人文情怀，不断探索如何借助科技手段，更好地传递人文关怀，促进用户全面发展。例如，通过智能化推荐系统理解并满足用户的个性化阅读兴趣，或是利用虚拟现实技术打造沉浸式学习体验，同时，举办各类文化活动，如读书会、讲座、展览等，营造浓厚的人文氛围，使图书馆成为校园文化生活的重要组成部分。

三、个性化信息服务

（一）个性化信息服务的含义

个性化信息服务代表着信息时代中一种高度定制化的服务模式，其核心在于深度理解和响应个体用户独特的需求与偏好。这一服务理念包含两层关键含义：首先，它赋予用户自主权，允许他们依据个人的兴趣点和具体需求，主动定制信息接收的内容与方式，从而确保信息流的精准与相关性。其次，从服务提供者的角度，通过运用数据分析、机器学习等先进技术，构建起细致入微的用户画像，这些画像反映了用户的习惯、偏好乃至潜在需求。基于此，服务商能够实施智能筛选，剔除无关信息，只推送那些最有可能吸引用户注意、满足其需求的内容，并且随着用户行为的变化，服务能够自我进化，持续优化推荐策略，实现真正的个性化和实时响应。

这种双向互动的个性化信息服务，不仅显著提升了用户体验，还促进了信息效率的提升，使得每一个用户都能在浩瀚的信息海洋中迅速定位对自己最有价值的那一部分，同时也为服务商开辟了深化用户关系、增强用户黏性的新路径。在这一过程中，技术扮演了至关重要的角色，它既是洞察用户需求的工具，也是实现个性化服务的引擎，推动着信息时代的个性化浪潮不断向前。

（二）个性化信息服务的特点

1. 针对性

个性化信息服务标志着信息供给领域的一场深刻变革，其核心原则是以人为本，确保信息的传递直接对接用户的真实需求。不同于传统信息服务的"一刀切"模式，个性化信息服务致力于深度挖掘每位用户的特定偏好、行为模式及信息需求，以此为基础生成精细的用户画像。借助这一画像，服务提供商能够智能地调整信息内容与服务形式，确保每一位用户接收到的信息既精准又贴合个人兴趣，从而极大地提升信息利用效率与用户满意度。

对于高校图书馆而言，其服务对象主要聚焦于教师与学生群体，肩负着支持学术研究与学习的重任。因此，高校图书馆在提供信息服务时，应当紧密围绕学校的专业设置与科研方向，主动跟踪学科前沿动态，敏锐捕捉师生的信息需求变化。通过建立一套行之有效的个性化信息服务体系，图书馆不仅能有效促进知识的传播与创新，还能增强与用户之间的互动，成为教学科研不可或缺的有力支撑。

个性化信息服务的实施，意味着图书馆必须转型为更加用户导向的服务机构，即从被动等待用户查询转向主动预测并满足用户可能的信息需求。这不仅要求图书馆具备强大的数据处理与分析能力，还需要其持续优化信息资源结构，以及提升馆员的专业技能，以确保能高效、精准地为用户提供量身定制的信息服务，从而在数字化时代中保持图书馆的核心价值与竞争力。

2. 定制性

在当今数字化时代，信息技术的飞速进步彻底重塑了人们获取信息的途径，打破了时间和空间的壁垒。用户无须亲临图书馆，即可随时随地享受丰富多元的信息服务。相较于以往标准化、统一化的信息服务模式，现代个性化信息服务犹如一股清流，它赋予了用户前所未有的自主权和选择权。通过智能化技术，用户可以依据个人偏好、需求和使用习惯，灵活定制服务类型、交互界面、信息呈现方式乃至信息源本身，从而营造出一个高度契合个人兴趣、需求和行为模式的信息生态。这种转变不仅极大提升了用户体验，也促进了信息的精准匹配和高效利用，让信息服务真正步入了以用户为中心的新纪元。

3. 互动性

互动性作为个性化信息服务的核心特征，显著区别于传统信息服务的单向传播模式。特别是在高校图书馆环境中，这一特性得到了充分体现和应用。个性化的信息服务架构了一座桥梁，连接着图书馆工作人员与用户，双方能够进行即时且深入的沟通与反馈。这种双向互动机制允许图书馆员迅速捕捉并响应用户的最新信息需求，同时接纳用户的意见和建议，不断优化服务流程和内容。为了促进这种互动，高校图书馆需构建直观易用的服务界面，确保用户能够轻松访问和参与。在尊重并保障用户隐私安全的基础上，图书馆应当搭建互动平台，让用户能够根据自身需求定制信息空间，进而打造一个既私密又开放、既个性化又共享的信息交流场所。这样的设计不仅增强了用户体验，还有效提升了图书馆服务的针对性和效率，实现了从被动服务向主动服务的转型。

4. 主动性

随着互联网技术的飞速进步与普及，我们正身处一个信息爆炸的时代，海量数据和知识资源触手可及。这种变化不仅极大地丰富了信息的获取渠道，也重塑了人们获取信息的方式。传统上，用户需要主动搜索和筛选信息，而现在，得益于智能化推荐系统和大数据分析技术，"信息找人"的模式正在成为主流。个性化信息服务正是这一趋势下的产物，它通过深度学习用户的兴趣偏好、行为习惯以及专业领域，能够在合适的时间推送最相关、最有价值的内容给用户，从而实现信息的精准匹配和高效利用。

这种主动式的服务模式超越了传统被动等待用户查询的局限，能够更智能地预测用户可能的需求，及时更新并推送定制化信息，无论是学术研究资料、行业动态还是娱乐资讯，都能做到千人千面，极大提升了用户体验和信息消费效率。个性化信息服务的兴起，不仅体现了技术对社会生活方式的深刻影响，也标志着信息时代服务理念的一次重大飞跃，即从标准化服务向高度定制化服务的转变，使得每个人都能在浩瀚的信息海洋中找到属于自己的那片蓝海。

5. 专业性

高校图书馆作为学术研究和教育的重要支撑，其服务定位与普通公共图书馆有着显著区别。鉴于服务对象主要是本校的教师和学生，这些群体对信息资源的需求往往聚焦于特定学科领域内的深度探索和最新进展。因此，高校图书馆承担着提供专业信息服务的重任，旨在辅助师生们高效地汲取和应用专业知识，促进学术创新和教学活动。

为了满足这一目标，高校图书馆通常会按照学校内部的院系结构来组织和分类信息资源，建立学科馆员制度，为不同专业的师生提供针对性强、覆盖广泛的专业文献和服务。这种精细化管理方式有助于确保用户能够迅速定位与自己研究方向紧密相关的资源，同时也有利于图书馆开展更加精准的学术支持活动，如学科指南建设、科研培训、论文发表指导等，进而提升整个校园的学术氛围和研究水平。高校图书馆的专业化服务，不仅是对信息资源的深度挖掘和利用，更是对知识传播与学术交流机制的优化升级，充分体现了高等教育机构在推动科学发展和社会进步中的独特作用。

（三）个性化信息服务的内容

1. 个性化定制服务

（1）个性化界面定制服务

在当今数字化时代，用户体验被赋予了前所未有的重要地位，特别是在各种在线服务平台上。为了满足用户多样化和个性化的需求，许多服务提供商，包括图书馆、社交媒体、教育平台等，都开始提供界面定制功能。这种定制不仅限于预设的模板选择，还扩展到了更深层次的个性化设置，比如背景图案、色彩方案、布局结构甚至是字体样式和排版规则，使得每个用户的界面都能呈现出独一无二的风格。

通过这种高度个性化的界面设计，用户可以根据个人偏好调整视觉体验，使其更加舒适和愉悦，同时也提高了使用效率，因为用户可以按照自己的习惯重新排列常用功能，减少寻找所需信息的时间。此外，这种定制化服务还有助于增强用户对平台的归属感和忠诚度，因为它表明服务提供商重视并尊重每位用户的个体差异，致力于提供更加贴心和人性化的服务体验。

（2）个性化信息内容定制服务

在日益个性化的数字时代，高校图书馆服务系统正逐步转型，旨在更好地满足用户多元化和定制化的需求。现代图书馆系统不仅允许用户从已有的丰富资源中按需筛选，还鼓励用户主动参与内容的构建与分享。这意味着，除了利用系统内现有的学术论文、电子书和多媒体资料之外，用户还可以根据个人的研究兴趣或学习目标，向图书馆提交特定资源的申请。更重要的是，系统支持用户上传自己创作的内容，例如研究论文、课程笔记或是其他学习材料，经过图书馆的审核流程确保其质量和版权合法性后，这些内容便能成为共享知识库的一部分，供全体用户访问和学习。

这种双向互动的信息管理方式，不仅极大地丰富了图书馆资源的多样性，也促进了知识的交流与创新。它打破了传统图书馆静态资源的局限性，使图书馆成为一个动态的知识生产与传播平台。用户既是资源的消费者也是贡献者，这种角色的融合推动了更加开放和协作的学习环境的形成，体现了高校图书馆作为知识共享中心的核心价值。

（3）个性化信息检索定制服务

在当今高度个性化和数字化的信息环境中，用户不再局限于传统的"一刀切"式检索体验。现代信息检索系统提供了前所未有的灵活性和定制化选项，使得每位用户都能根据自身独特的检索习惯和偏好，塑造最适合自己的搜索流程。这意味着用户可以自由地调整和优化检索工具的配置，比如选择最符合个人工作流的搜索引擎或数据库；此外，他们还能定制检索表示方式，包括关键词、短语，甚至是复杂的布尔逻辑表达式，以更精准地定位所需信息。

不仅如此，系统还支持创建个人检索模板，允许用户保存常用的搜索条件，如特定的主题领域、作者、出版日期等，从而在后续的检索过程中快速复用，节省时间和精力。在检索结果的处理方面，用户同样享有高度的自主权，能够自定义结果展示的排序方式、摘要长度以及相关度评分标准，甚至可以通过设置过滤器来排除不相关的条目，确保呈现的信息更加贴合需求。

通过这些定制化功能，用户不仅能提高信息检索的效率和准确性，还能享受到更为舒适和个性化的搜索体验。这种以用户为中心的设计理念，体现了信息检索系统对个体差异性的尊重，同时也推动了信息获取方式向着更加智能化、人性化的方向发展。

2. 个性化资源管理服务

在知识经济蓬勃发展的当下，信息资源已成为驱动创新与竞争力的核心要素。高校图书馆，作为学术与教育领域的信息枢纽，肩负着管理和优化信息资产的重要使命。它们不仅需要深入理解并响应所在院校的独特专业需求，还要致力于构建一个全面且精细的信息资源体系，旨在为教职员工及学生提供量身定制的学习与研究资料。

为了实现这一目标，高校图书馆必须超越传统意义上的资源收集与保管，转而聚焦于信息的智能分类与整合。这要求图书馆员具备深度分析本校学科特点的能力，从而精准筛选、聚合与本校教学科研紧密相关的信息源。同时，图书馆应积极搭建个性化信息资源数据库，允许用户依据自身兴趣与研究方向，自主设计与维护私人信息收藏，确保每位用户都能高效地获取、组织并利用所需知识。

为了进一步提升服务效能，图书馆应探索专业学科数据库与特色资源库的建设，并引入先进的信息资源管理系统，实现不同数据库间的无缝对接与统一检索，极大地方便用户跨库查询与信息整合。此外，图书馆联盟的建立将促进馆际合作与资源共享，通过集体采购、联合编目等方式，降低运营成本，拓宽信息获取渠道，共同提升各成员馆的服务质量和学术影响力。

3. 个性化信息推送服务

在数字化时代，个性化信息推送服务已成为高校图书馆提升用户体验的关键环节。

这一服务的核心理念在于利用先进的计算技术和数据分析能力，紧密结合用户偏好与图书馆资源，实现信息的精准匹配与主动传递。具体流程涵盖以下几个关键步骤：

首先，用户通过访问图书馆的在线平台，完成注册与登录过程，这期间系统引导用户输入一系列个人资料，包括但不限于学术兴趣、阅读习惯以及特定的信息需求，这些数据构成了个性化服务的基石。

其次，图书馆的信息系统运用复杂的算法模型，对用户提交的资料进行深度解析，逐步构建起详尽的用户画像。这一模型能够捕捉用户的个性化特征，为后续的信息筛选与推送奠定基础。

再次，基于用户画像中的关键词与兴趣点，信息系统在庞大的信息资源库中展开搜索，自动筛选出与用户需求高度相关的内容。这一过程不仅限于显性请求，还会挖掘潜在的信息需求，扩展用户的认知边界。

最后，经过精心整理与定制，系统将精选的信息以邮件、消息通知等形式主动推送给用户，确保其及时获得有价值的知识更新，极大地提升了信息检索的效率与满意度。

4. 个性化互动式服务

在数字化转型的大背景下，高校图书馆正经历一场深刻的服务模式革新，从以往的被动响应转变为以用户为中心的主动服务。这一转变的核心在于加强图书馆与用户之间的互动，形成更加紧密的沟通纽带，旨在更好地理解与满足用户多样的信息需求。

首先，图书馆通过实时互动渠道，如在线咨询平台、社交媒体（微信、QQ）等，搭建起即时交流的桥梁。馆员可以在此类平台上直接回应用户的疑问，提供即时帮助，这种面对面或虚拟空间内的即时交流显著提升了服务的温度与效率。

其次，延时互动方式则适用于那些非紧急的需求场景。用户可以通过电子邮件、留言板等形式，向图书馆表达其信息需求或反馈意见。图书馆员在接收信息后，有条不紊地处理并回传所需资料或解答，确保了服务的全面覆盖与细致入微。

最后，合作互动模式强调图书馆与用户之间的双向交流。图书馆定期开展用户调研，收集并分析用户反馈，深入了解其阅读偏好、学习习惯及专业需求，以此为基础优化服务流程，定制更加贴合用户期望的服务项目。

个性化互动式服务贯穿于上述各个环节，图书馆依据用户行为数据与偏好分析，动态调整服务策略，持续迭代服务内容，确保每一位用户都能获得量身定制的信息体验。这种以用户为中心的主动服务模式，不仅加深了图书馆与用户的情感连接，还有效提升了信息资源的利用效率，推动了知识传播与学术创新的步伐。

5. 个性化信息素养教育服务

高校图书馆不仅是知识的宝库，更是提升信息素养的关键平台。在这个信息化时代，具备高水平的信息素养对于高效获取、评估和使用信息至关重要。鉴于此，图书馆肩负起了培养用户信息能力的使命，通过多元化、个性化的教育策略，致力于打造信息时代的智慧读者。

考虑到高校用户群体的多样性及其对图书馆资源认知与运用的差异性，图书馆采取了分层教学的方法，确保教育内容既广泛又深入。嵌入式教学成了一种创新实践，它巧妙地将信息素养教育与学科专业知识相结合，让学生在专业学习的同时，自然而然地掌握信息检索与管理的技能。

为了适应现代学习者的自主学习需求，图书馆开发了一系列教学视频，涵盖各类数据库操作、文献引用规范、版权知识等内容。这些资源可供用户随时随地访问，实现了个性化学习路径的构建，让每位学生都能按照自己的节奏和兴趣深化信息素养。

此外，图书馆还组织了小型工作坊和专题讲座，邀请行业专家与资深馆员，面对面地指导学生如何批判性思考、如何有效地整合与利用信息资源。这种小规模、高强度的培训模式，能够针对特定领域的研究方法和最新资讯进行深入探讨，极大地丰富了学生的学术视野，同时也促进了师生之间以及学生间的知识共享与交流。

6. 其他服务

除了传统的信息素养教育和资源利用，高校图书馆还积极拓展个性化信息服务，旨在满足用户的多元化需求，提供更加贴心的服务体验。通过先进的信息技术，图书馆搭建了全方位的线上服务平台，让用户即使不在馆内也能轻松享受图书馆资源。

用户可以利用图书馆的个性化信息服务系统，进行在线预约图书，避免了实地寻找的不便；新书推荐功能则基于用户的阅读历史和偏好，推送符合兴趣的新书资讯，帮助用户发现潜在的阅读乐趣；文献传递服务为用户获取馆际互借或网络资源提供了便利，扩大了学术研究的资料来源；而借阅查询功能则让用户随时了解自己的借阅状态，有效管理个人的阅读计划。

近年来，随着移动互联网技术的发展，"移动图书馆"和"我的图书馆"等应用应运而生，它们将图书馆服务延伸至智能手机和平板电脑等移动设备上。用户只需轻触屏幕，即可登录个人空间，定制属于自己的信息流，无论是查阅电子资源、管理借阅记录，还是接收图书馆活动通知，都能在指尖完成。这种无缝连接的个性化服务，不仅提升了用户体验，也进一步拉近了图书馆与用户之间的距离，使图书馆真正成为用户身边的"知识顾问"。

第二节　大数据环境下高校图书馆信息服务转型的途径

一、基于用户需求的信息服务

（一）用户需求特点

1. 用户需求的宏观特点

（1）需求的社会化

在网络化时代，传统信息服务的局限性越发凸显，无法充分响应用户对信息开放性和多样性的追求。随着信息交流的全球化趋势，网络环境下的信息资源整合与传播，不仅加快了用户需求的社会化进程，还构建了一个无边界的信息共享平台，极大地促进了知识的流通与创新。

高校图书馆作为学术信息的重要枢纽，其信息服务的社会化转型展现出独特的价值与潜力。

首先，依托于多校区办学模式下形成的总分馆结构，高校图书馆凭借其广泛的地理分布，能够覆盖更广阔的用户群体，为社会公众接触高质量学术资源开辟了新的途径。这一布局上的天然优势，使得图书馆服务的触角延伸至校园之外，增强了信息的可达性和可用性。

其次，高校图书馆拥有一支高素质、多元化的专业团队，包括精通文献检索的专家、具备深厚学科背景的馆员及负责日常运营的工作人员。这支团队不仅服务于校内师生，同时也面向社会，通过提供专业化、个性化的信息服务，有效地对接了社会用户的特定需求，成为推动图书馆社会化进程中不可或缺的力量。

最后，高校图书馆所积累的丰富文献资源，特别是围绕各学科领域构建的专业文献体系，构成了其社会化服务的核心竞争力。随着图书馆资源的逐步开放，社会用户得以访问包含中外文数据库和珍贵实体藏书在内的全面信息宝库，这不仅丰富了他们的学习与研究素材，也为满足不同层次的信息需求提供了坚实保障。

（2）需求的综合化

信息的普及与深化，正悄然改变着我们的生活方式，其影响力遍及各个角落，伴随着用户群体的演变而持续迭代。现代用户对信息的渴求呈现出了双重特性：首先是对跨学科知识的广泛吸纳与多元化信息形式的追求；其次是期望能够跨越时间和空间界限，随时随地获取所需的各种信息，无论其内容范畴如何。

在信息内容的需求上，用户的心态已从过往对专业文献的单一诉求，跃迁至对全面信息的综合寻求。他们不再局限于那些仅能促进学术进步和专业发展的文献资料，而是渴望触及更为广阔的知识领域，包括教育参考书以洞察学科前沿，同时不放弃对娱乐、休闲类信息的热衷，旨在实现个人兴趣与知识增长的双重满足。

就信息类型而言，知识经济的蓬勃发展显著提升了社会大众对非传统信息源的兴趣。除常规的出版物如期刊和图书外，用户对特种文献与内部资料的兴趣也日益浓厚，诸如会议记录、学位论文、技术标准、专利文件等，这些往往蕴含着更为独特和深入的专业见解。为此，高校图书馆肩负起了更为复杂的使命，不仅要确保核心资源的可获取性，还需搭建桥梁，连接用户与更广泛的情报机构，以期提供一个包罗万象的信息获取平台。

（3）需求的专门化

在网络信息爆炸的时代，用户面临着前所未有的挑战——在浩瀚的信息海洋中迅速定位并提取有价值的内容。尽管技术的进步使得信息获取变得前所未有的便捷，但用户筛选和评估文献信息的能力并未随之线性提升，这导致了用户在海量数据面前感到迷茫和无力的现象愈发普遍。加之，伴随信息数量激增而来的还有质量问题，不少文献信息缺乏权威性与准确性，甚至充斥着错误和偏见，进一步增加了筛选难度。

鉴于此，提供专门化的信息服务显得尤为重要。这种服务旨在通过专业的信息管理和检索技术，帮助用户过滤掉冗余和低质量的信息，确保他们能在有限时间内接触到最为关键和可靠的知识来源。专门化的信息服务不仅涵盖高效的检索算法，还包括对信息质量的严格把控，以及针对特定领域或需求的定制化解决方案，从而为用户提供一个更加精准、高效的信息获取渠道，使其能够在纷繁复杂的信息世界中游刃有余，准确把握所需知识，有效提升学习和工作效率。

（4）需求的网络化

随着信息技术的飞速发展，网络资源已成为信息资源电子化与数字化进程中的重要推手，极大地丰富了信息的形态和内容。越来越多的网络用户正体验到由互联网带来的便利性和综合性，这不仅简化了信息的获取流程，也加深了公众对社会信息服务体系的信任与依赖。

新兴的信息服务提供商通过创新的检索技术和优化的用户体验设计，显著提升了网络资源的可访问性和易用性。这使得用户能够轻松触及更广泛的社会资源和服务，但同时也面临着如何从海量信息中筛选出真正有价值内容的难题。网络资源的庞大与社会信息的繁杂，往往让普通用户感到无所适从，难以高效地获取所需的有效信息。

因此，传统图书馆及现代信息中心的角色变得尤为关键。它们通过对跨领域信息资源的深度整合与重构，致力于构建一个全面且系统的知识服务体系，以满足用户日益多元化的信息需求。图书馆不再仅仅是图书的保管者，而是转型为信息导航员，利用专业技能帮助用户徜徉信息的海洋，确保他们能够获取高质量、高相关性的知识内容，促进个人成长与社会发展。

2. 用户需求的微观特点

（1）学生群体的信息需求

高校信息服务的核心受众是学生群体，这意味着高校图书馆必须灵活适应学生在学习阶段、专业背景以及个人兴趣上的差异，从而精心定制其信息服务内容。这种服务不仅覆盖面广，包含多种信息类型，还遵循着一定的阶段性，与学生的学术生涯紧密相连，体现出高度的综合性和专业性。学生的信息需求覆盖了兴趣培养、知识技能提升、专业课程学习等多维度，他们期待信息资源能够从基础逐渐深入，从宽泛过渡到精准，同时保持内容的时效性、体系化和精确度。

在高等教育普及化的背景下，职业规划和就业指导成为学生普遍关注的焦点。面对未来的不确定性，学生们渴望获得有关求职和职业发展的实用信息，促使高校图书馆扮演起引导者和资源提供者的角色，供应一系列针对性强、信息量丰富的就业辅导材料。考虑到学生间信息素养的差异显著，图书馆还需提供形式多样的信息服务，如在线数据库、实体图书、讲座工作坊和个性化咨询等，以满足不同学习风格和信息获取偏好的学生需求。这种全方位、多层次的服务策略，旨在帮助学生建立扎实的专业基础，同时培养其终身学习的能力，为步入职场做好充分准备。

（2）教辅人员的信息需求

教学辅助部门，作为教育体系中不可或缺的一环，致力于为教学管理和科研活动提供全面的支持与服务。这一范畴涵盖了诸如出版社、图书馆、信息技术中心、档案管理部门以及教学设施维护中心等机构。在学校的组织架构内，从事教辅工作的人员构成了相当大的一部分人力资源，因此，理解和满足他们的信息需求至关重要。

针对教学辅助部门的具体职能，他们所需的信息资料往往聚焦于实用性与操作性，旨在直接服务于日常工作中遇到的各种挑战与需求。无论是确保教学资源的高效流通、技术支持的及时响应，还是档案资料的妥善保存与利用，教辅人员都依赖于准确、实用的信息来提升工作效率和质量。

（3）教学科研人员的信息需求

在高等教育的广阔领域中，教学与科研活动占据核心地位，而承担这些任务的教学科研人员则构成了信息需求的主要来源。这些专业人士的信息渴求通常紧密关联于他们专注的学科领域，追求知识的更新与深化，以便在教学中引入前沿理论与实践。他们对信息的偏好倾向于新颖性，渴望获取反映学术前沿的资料，包括但不限于新兴的研究动态、权威的专著、创新的观点、学术会议摘要、高价值的期刊文章，以及能够启迪思考的新议题。

同时，有志于个人成长和专业提升的教师们，寻求更为多元化的信息供给，特别是那些能丰富课堂教学的资源，比如国际国内知名学府的课程教案、翔实的教学参考材料，以及能够辅助教学活动的实用软件工具。这不仅增强了教学内容的时效性和吸引力，也为教师提供了自我完善的机会。

高校科研工作者，作为信息使用者中的高端群体，其信息需求高度聚焦于科研项目的推进与专业领域的深耕。在项目启动阶段，他们亟须掌握行业内的最新趋势与成果，通过阅读具备前瞻性和严谨性的文献资料，如深度分析报告、精确的数据统计、专题研究报告等，来奠定研究基础。随着项目进展，持续追踪高质量、体系完备、概念清晰且专业针对性强的信息成为常态，这有助于适时调整研究方向，确保科研活动的精准与高效。

（4）决策和管理人员的信息需求

在行政管理和高等教育领域，决策者与管理者构成了一类独特的信息需求群体，他们的职责定位直接影响了信息寻求的方向与特性。高校领导与政府教育部门的决策人士，作为影响教育方针的关键角色，其信息需求侧重于汲取最新的教育理念与实践案例，洞察全球教育的演变轨迹与趋势，以及深入理解教育相关的法律、政策框架。这类信息往往须具备极高的准确性，覆盖宏观视野，体现明确的发展导向，兼具实际操作价值，并且要时刻把握时政脉搏，反映最新的政策动向，以支撑科学决策的形成。

教育管理者，作为日常运作的执行层，其信息诉求更多地根植于具体的工作场景和个人职业兴趣。他们倾向于寻找能够直接指导实践、解决问题的资料，偏好那些针对性、实用性强的内容，以便优化教学管理流程，提升工作效率。

对于决策群体与管理群体繁重的工作负荷，他们期望获取的信息应当结构完整、易于应用，减少二次加工的需求。这意味着信息源需要精心筛选与整理，确保其内容的深度与广度，同时也要便于快速吸收与实施，从而有效支持他们的决策与管理工作，促进教育体系的稳健运行与创新发展。

3. 用户需求的一般特点

（1）便捷性与有效性

在现实的实践活动中，信息需求的萌生源自个体面对问题解决或任务完成时的知识缺口。当用户识别出这一需求时，其内心潜藏着一种追求效率的本能——在确保问题得到妥善处理的同时，力求使信息搜寻与处理的过程达到最优化，即以最小的工作投入换取最大的问题解决效果。这种心态促使用户在寻求信息时展现出既精准又经济的行为特征，他们倾向于精炼查询，聚焦于高质量、高相关性的资源，避免冗余信息的干扰，以实现快速而有效的决策或行动，从而在复杂多变的环境中保持敏捷与竞争力。

（2）可获取性与模糊性

在信息检索领域，存在一个显著的现象：倘若用户在使用某个检索系统时发现，通过该系统获取所需信息的过程比完全绕过系统直接寻找或放弃信息更加烦琐和费力，那么用户很可能会选择不使用该系统。这一见解超越了单纯的信息检索场景，实际上揭示了一个普遍的原则——在用户信息行为学中，人们倾向于遵循"最小努力原则"。这意味着，当面对信息获取的选择时，用户会自然地偏向那些能够以最少精力和时间成本获得最大价值信息的途径。如果获取特定信息的难度和复杂性超过了信息本身的价值，或者与个人的目标和期望不符，用户往往会选择回避，转而寻找更简单、更直接的解决方案，或是干脆放弃对该信息的追求。这一原则在设计用户界面、构建信息架构以及优化信息检索算法时都是至关重要的考量因素，旨在确保信息的可及性和易用性，减少用户的挫败感，提升整体用户体验。

（3）系统性和专业性

个体用户所积累的信息量及其质量，在很大程度上是由多种社会和个人因素塑造的。教育背景扮演着关键角色，较高的教育水平通常意味着更广泛的知识基础和更强的信息处理能力。职业经验也是重要因素之一，不同的工作环境促使个体聚焦于特定领域的深入学习，从而形成专业化的知识体系。个人经历，包括旅行、阅读习惯、社交网络等，同样对信息量的积累有着不可忽视的影响，这些经历拓宽了视野，促进了跨学科知识的融合。因此，不同个体间的信息量差异可能非常显著，这种差异不仅体现在知识的广度和深度上，还反映在信息筛选、整合与应用的能力上。了解这些影响因素有助于设计更加个性化和包容性的信息传播策略，确保信息的公平可及，并促进全社会的知识共享与增长。

（4）用户需求的节律性

人类的生命历程展现了一种内在的节律性，这种节律性体现在生命的各个阶段都遵循着一种自然的时间框架和社会文化构建的进程。从蹒跚学步的婴幼儿期开始，到充满好奇与成长的少年期，再到探索自我、追求独立的青年期，随后是责任与成熟并重的中年期，直至拥有生活智慧与反思的老年期，每个阶段都有其独有的特征和任务。尤其在青年期，这一生命阶段被进一步细分为教育的不同层次，如中学阶段是基础知识的巩固时期，大学则标志着专业知识的学习和生活技能的培养，而研究生阶段则更侧重于研究能力和学术深度的提升。此外，即便是同一教育阶段，也能按照学年划分，如一年级新生的适应与探索，二年级学生的深化与实践，这反映了个体发展中的连续性和阶段性。这种节律性的划分不仅帮助我们理解人生各阶段的挑战与机遇，也为个体提供了成长的参照系，指导着人生规划与目标设定。

（二）信息需求决定信息服务模式的改变

1. 服务模式由单一化变为立体化

传统图书馆作为知识的宝库，长期以来承担着信息咨询、文献检索及图书借阅的核心职能，但受限于物理空间和服务模式，其服务覆盖与效率提升面临瓶颈。在网络化的浪潮下，用户的信息需求呈现出前所未有的广度与深度，传统服务的局限性越发凸显，促使图书馆服务模式的革新势在必行。新兴的信息技术催生了全新的信息服务生态，这一生态强调深度整合、跨界协作、全面优化以及品质升级，旨在构建一个多元、高效的信息获取平台。现代用户，只要具备基本的数字素养，便能轻松跨越地域限制，随时随地接入丰富的信息资源，享受个性化、定制化的信息服务。自助服务与网络平台的融合，不仅极大地提升了信息交互的速度与灵活性，还促进了用户与图书馆之间的无缝沟通，使得知识的传播与利用变得更加便捷高效。这一转型，不仅满足了用户对信息量与质量的双重追求，也重新定义了图书馆在数字时代的服务角色与价值。

2. 服务空间由实体化变为虚拟化

传统图书馆的信息服务依赖于实体馆藏，这在很大程度上将其功能和用户访问限定在特定的时间和地点内。读者必须亲临图书馆，才能接触到所需的图书和资料，这种模式在效率和便利性上存在明显不足。然而，随着新媒体技术的蓬勃发展，图书馆服务迎来了革命性的变化。不再局限于纸质文献，数字资源的引入极大地丰富了信息库，包括电子书、在线期刊和数据库，这些资源跨越了物理边界，将图书馆的服务范围扩展至无限的虚拟空间。此外，图书馆通过实施资源共享机制，如馆际互借和文献传递服务，进一步增强了信息的可获取性和流通性。为了适应快节奏的现代生活，多数图书馆已实现24/7自助服务，确保用户无论何时何地都能迅速找到所需信息，极大地提升了用户体验和信息获取的效率。这一系列创新不仅打破了时间与空间的枷锁，也为图书馆服务注入了新的活力，使其成为连接过去与未来的知识桥梁。

3. 服务方式由被动化变为主动化

在传统模式下，图书馆往往扮演着较为静态的角色，等待读者自行寻找并利用馆藏资源，这种服务方式被称为"被动服务"。然而，进入全媒体时代后，图书馆服务理念发生了根本转变。如今，图书馆更加注重以用户为中心，这意味着它们不仅要理解用户的潜在信息需求，还要积极地去预测和满足这些需求。为了实现这一目标，图书馆深入开展了用户信息需求的调研工作，通过数据分析、用户反馈以及市场趋势研究，图书馆能够更精准地定位用户群体的兴趣点和知识渴求。基于调研结果，图书馆从被动服务转型为主动服务，比如提供个性化阅读推荐、举办定制化讲座和研讨会、开发有针对性的数字化资源等，这些措施旨在提供更加贴心和高效的服务体验。通过这种以用户为中心的策略调整，图书馆不仅强化了与读者之间的联系，还提升了自身作为知识传播者和文化守护者的社会价值。

4. 图书馆员职能由散漫化变为专业化

用户需求日益呈现出多元化与深度化的特征，对图书馆工作人员的专业素养提出了更高要求。现代图书馆员不再仅仅是图书的管理者，而是需要成为知识导航者和信息顾问。这意味着他们不仅要具备跨学科技能，以便理解不同领域读者的特定需求，还要精通各类数字技术和信息检索工具，以高效地提供服务。为了适应这一变化，图书馆员必须持续提升个人的核心竞争力，这包括定期参加专业培训，学习最新的信息管理理论，掌握数据科学、编程基础等新兴技能，以及深入了解社交媒体和网络平台的运用。通过这样的自我完善，图书馆员能够更加精准地对接用户的专业性需求，无论是学术研究、职业发展还是个人兴趣，都能给予及时有效的支持，从而在信息爆炸的时代背景下，确保图书馆作为知识交流中心的地位稳固且充满活力。

5. 资源利用共享化

在评估现代图书馆的服务效能时，考量维度已远超实体藏书量与电子资源的采购规模，文献供应效率同样被视作关键指标。构建信息资源的共享机制，不仅显著提升了服务品质，还极大地优化了资源利用效率，已然成为图书馆业内的普遍追求。尤其在中国高等院校的图书馆体系中，资源共享的实践主要聚焦于文献传递与馆际互借两项核心服务，此举极大地丰富了信息资源的种类，实现了虚拟馆藏的扩容，从而有力推动了信息服务水平的升级。

虚拟馆藏的构建，对于学术研究者而言，意味着能够获取更为全面的教学资源概览及前沿科研动态，显著增强了信息获取的便捷性，让文献综述工作变得更加游刃有余。这一模式不仅促进了知识的广泛传播，还激发了创新思维的碰撞，为高校科研生态注入了源源不断的活力。通过深化资源共享，图书馆正逐步转型为一个开放、互联的知识枢纽，服务于更广阔的学习与研究社群。

6. 资源建设特色化

为了适应信息化时代的需求，高校图书馆应致力于构建反映本校学科特色的专业数据库。这要求图书馆依据学校学科布局的独特性，精心挑选具有代表性的学科领域，进行深度资料挖掘与整合，通过精密规划与科学架构，搭建起专题性质的文献信息数据库。同时，充分利用互联网平台，对馆藏资源进行高效开发与应用，使之成为支撑教学与科研活动的重要基石。

特色资源的打造，旨在促进高校图书馆资源的协同建设与共享流通，加速信息服务向网络化、社会化方向演进。其核心目标在于精准对接用户需求，最大化发挥特色信息资源的效用。因此，在项目启动之初，应优先考虑那些能够彰显图书馆个性、深受用户青睐且使用频率较高的资源，对其进行数字化改造。特色数据库的构建是一项持续而复杂的工程，需经历细致的市场调研、严谨的方案设计与严格的成果检验。这一过程离不开充足的经费保障、技术投入与人力资源支持，唯有通过系统性、组织化的开发整理，才能完成从传统文献到数字资源的形态转变，让特色馆藏以现代化的方式惠及广大学术社群。图书馆唯有不断强化自身信息服务体系的独特性和竞争力，方能在信息爆炸的时代背景下，为高校乃至社会提供专业、高效的智力支持，确保自身的可持续发展。

7. 资源整合体系化

资源整合体系代表着对各类优质资源的汇聚与相互增益，它是创新思想与实践的熔炉。作为提炼信息价值的关键途径，这一体系成为推动高校图书馆革新思维与战略实施的核心动力。在图书馆生态中，文献整合意味着将零散分布的文献资料及服务，依据知识管理和用户服务的原则进行系统化编排，使之构成一个连贯且统一的信息资源整体。这样一来，文献服务便能形成一套完整的服务体系，不仅极大地提升了信息获取的便利性，同时也显著增强了图书馆的服务效能，确保用户能够更高效、更便捷地获取所需知识，促进学术研究与学习的深化。

通过建立全面的资源整合体系，图书馆能够有效汇集并优化利用其收藏的各种文献与数据，包括电子资源、纸质图书、期刊文章、会议论文、学位论文等，以及图书馆员的专业技能与服务。这种体系的构建，旨在打破信息孤岛，实现资源的无缝连接与共享，让图书馆成为学术交流与知识传播的中心枢纽。在此基础上，图书馆可以进一步探索个性化服务、定制化检索、数据分析与可视化等增值服务，满足不同用户群体的多元化需求，提升用户体验，激发学术创新活力，从而在信息时代中扮演更为关键的角色。

二、移动客户端信息服务

（一）高校图书馆移动信息服务技术模式

1. 短信服务模式

其提供的服务主要可以分为两个方面。

（1）被动服务

被动服务模式着重于用户主导的信息获取过程，用户根据个人需求和特定指引，主动寻求所需资料或服务。在图书馆环境中，这一模式体现为一系列自助式功能，如查询馆藏目录以定位所需图书，通过在线平台自行办理图书续借手续，利用数字资源进行参考咨询，检查个人借阅记录，以及了解图书馆的开放时间等。这种服务方式不仅赋予了用户更大的自主权，让他们能够按照自己的节奏和偏好探索知识，同时也减轻了图书馆工作人员的工作负担，提高了服务效率，促进了资源的合理分配与利用。被动服务通过搭建易于操作的平台和界面，鼓励用户积极参与，自我服务，进而提升整个图书馆系统的互动性和用户满意度。

（2）主动服务

主动服务理念强调图书馆作为信息提供者，采取积极姿态向读者推送各类重要通知与资讯。这包括但不限于通过电子邮件或短信自动提醒读者有关逾期未归还图书的罚款事宜，确保读者及时了解并处理个人账户动态；定期向读者通告即将举行的学术讲座、文化展览或工作坊的预约信息，激发读者参与兴趣，丰富其精神文化生活；基于读者过往的阅读喜好和借阅历史，个性化推荐新到馆藏或热门读物，促进知识的深度探索与广泛传播；在图书借阅周期临近结束时，提前发出催还通知，帮助读者管理借书期限，避免产生滞纳金。通过这些主动服务措施，图书馆不仅强化了与读者的沟通联系，提升了服务质量，也有效促进了资源的高效流通和利用，构建了一个更加贴心、便捷的阅读环境。

2. 数据库检索服务

现代图书馆不断拓展服务边界，超越传统的短信和网页服务范畴，积极采用先进技术提升用户体验。许多图书馆已构建起全面的在线数据库检索系统，涵盖医学、科学、人文等多个学科领域，不仅包括专业医学数据库、详尽的书目数据库，还囊括了全文数据库及权威的网络版大英百科全书，为学者和研究者提供了丰富的信息资源。同样地，某大学图书馆亦开设的医学文献联机数据库，允许用户不仅搜索到精确的题录和摘要，还能直接获取全文链接，极大方便了学术研究。这些平台通常具备邮件订阅功能，用户可定制化设置，将检索结果直接送达电子邮箱，实现了信息的即时共享和个人化服务，彰显了图书馆作为知识中枢的重要角色。

3. 移动设备应用程序客户端

在数字化时代，移动设备已成为连接世界的便携窗口，使用户能够随时随地享受视频流媒体、即时通信和网络浏览等服务。智能手机和平板电脑的普及，尤其是它们在日常生活中不可替代的地位，促使图书馆紧跟科技潮流，开发专用的移动应用程序，以满足读者对信息资源日益增长的需求。相较于传统的短信通知和网页浏览，这些应用程序提供了更加个性化和高效的服务体验，将图书馆的丰富藏书和数据库带入用户的掌心。

图书馆移动应用的推广经历了两个主要阶段。起初，图书馆选择通过主流的应用程序商店发布其官方应用程序，以便用户轻松发现并下载。随后，随着技术成熟和品牌意识增强，越来越多的图书馆开始在其官方网站上直接提供应用程序的下载链接，这不仅简化了获取过程，也加强了图书馆品牌的直接接触点。通过这样的发展路径，图书馆成功地将自身打造成为移动时代的知识导航者，让读者无论身处何地都能便捷地探索和获取所需的信息。

4. 微信模式

微信的流行催生了高校图书馆的一项创新举措——微信公众平台的设立，这一平台允许用户通过搜索并关注图书馆的官方微信账号，实现即时的在线咨询与互动。相较于传统的短信服务，微信的优势在于其支持长文本消息的发送，极大地丰富了信息交流的内容深度。微信的开放性 API 接口赋予了图书馆管理者灵活定制服务内容的能力，使得移动信息服务可以根据具体需求进行调整和优化。

高校图书馆借助微信服务模式，展现出多重益处。首先，它为用户提供了零成本的咨询服务，得益于信息技术与移动设备的迅猛发展，无线网络已广泛覆盖公共场所，有效降低了通信成本，实现了高效且经济的信息服务目标。其次，微信的实时对讲功能显著提升了沟通效率，用户可以不受时间和地点限制，随时向图书馆公众号提交需求，获得及时响应，这种无缝对接缩短了馆员与用户间的距离，节省了大量等待时间，使得信息获取变得更加迅速和便捷。

（二）大数据相关理论

1. 大数据与图书馆的关系

在图书馆科学与技术的交汇点上，大数据的应用正引领着一场深刻变革。它不仅聚焦于传统结构化信息资源的处理，更在于能以一种成本效益高的方式解析海量非结构化数据，从而挖掘出潜在的知识价值。对于高校图书馆而言，积极采纳这一前沿技术，意味着能够不断拓宽知识边界，精准匹配用户日益多元化的信息需求。

大数据作为图书情报学领域的关键技术驱动力，为高校图书馆开辟了全新的服务疆域，助力其吸引更广泛的用户群体，进而增强自身的市场竞争力。通过实时分析大数据，图书馆管理层得以洞察行业动态，及时调整策略方向，确保服务与时代脉搏同步。此外，大数据的运用加强了对知识服务趋势的感知，促使图书馆在瞬息万变的信息环境中捕捉先机，创新服务模式，牢牢把握住知识服务的未来机遇。

大数据在图书馆中应用的优势包括以下几个方面。

（1）建立各类风险评估模型

在数字化转型的浪潮中，高校图书馆正积极探索大数据的潜力，将其融入风险管理与决策制定的过程中。通过构建先进的预测分析框架，图书馆能够对多种情境下的不确定性进行量化评估，从而有效防范潜在风险。例如，借助大数据分析，可以建立知识产权风险评估模型，监测并预警可能侵犯版权的行为，保护学术成果的原创性和合法性。

同时，信息资源的采购与应用评估也受益于大数据的智能辅助。通过分析历史数据和用户行为模式，图书馆能够预测资源的使用频率和受欢迎程度，指导采购决策，避免资源浪费，确保投资回报最大化。此外，大数据还能助力构建信息安全风险评估模型，识别网络攻击的迹象，及时采取措施保护图书馆的数字资产免受侵害。

（2）图书馆用户流失分析及价值分析

近年来，我国高校图书馆面临着前所未有的挑战，诸如专业人才短缺和技术更新滞后等问题，这些因素共同削弱了图书馆作为知识服务中心的传统角色，进而影响了其在数字化时代的价值体现，导致信息用户的兴趣和参与度显著下降。然而，大数据技术的兴起为这一局面带来了转机。

大数据分析赋予了高校图书馆一种全新的能力——通过深度挖掘和分析用户行为数据，图书馆能够更精准地洞察用户需求，理解他们在知识探索旅程中的偏好和痛点。这种基于数据驱动的服务优化，不仅能够提高资源的针对性和利用率，还能预防潜在的用户体验问题，确保图书馆服务始终贴合用户期望，减少用户流失。

更重要的是，大数据技术使得图书馆能够从被动响应转向主动预测，通过对海量数据的实时监控，图书馆可以预见趋势变化，提前调整策略，保持其在知识传播和服务创新方面的前沿地位。这样一来，高校图书馆不仅能够重拾其作为学术资源中心的核心价值，还能进一步拓展其在个性化学习、研究支持和社区建设等方面的作用，成为数字化时代不可或缺的知识导航者。

（3）建立新型知识服务引擎

在当今信息化社会中，高校图书馆正经历着一场深刻的变革，核心在于转型为智能化、个性化的知识服务中心。这一转变的关键驱动力来自一系列创新技术的应用，特别是大数据分析与人工智能的融合。新型知识服务引擎，如需求预测引擎、行为智能分析引擎、推荐引擎以及资源和学术搜索引擎，正在重塑图书馆的服务模式，使其更加贴近用户的真实需求。

需求预测引擎利用历史数据和用户模式识别，提前感知用户可能的兴趣点，为图书馆资源采购和布局提供前瞻性的指导。行为智能分析引擎则深入挖掘用户的行为轨迹，帮助图书馆理解用户的深层动机，从而优化服务流程和空间设计。推荐引擎通过算法匹配，向用户推送高度相关的信息资源，提升用户体验的同时，也增加了资源的曝光率和利用率。而资源及学术搜索引擎，则通过整合内外部数据库，提供全面、快速、精准的文献检索服务，支持科研和学习活动。

（4）故障预测

为了确保高校图书馆系统的稳定运行与服务质量，前瞻性分析和管理潜在风险至关重要。这涉及对现有信息资源、网络资源和硬件设施的深度评估，以便预测并防范未来可能出现的各种问题。通过对图书馆信息系统的历史数据进行大数据分析，可以识别出用户在使用移动信息服务时可能遇到的障碍，比如访问延迟、应用崩溃或交互界面不友好，从而提前优化服务架构，改善用户体验。

同时，定期检查和更新网络资源，如带宽容量、服务器性能和存储设备，能够有效预防因资源过载或老化引起的软硬件故障。建立冗余机制和实时监控系统，能够在故障发生前预警，确保图书馆服务的连续性和可靠性。

2. 大数据时代为传统高校图书馆的移动信息服务带来的变革

大数据时代的到来不仅给图书馆移动信息服务提供了宝贵的机遇，同时也带来了巨大的冲击和变革。

传统高校图书馆的移动信息服务在大数据环境下面临的问题包括以下几个方面。

（1）用户群的整合

随着移动技术的飞速发展，高校图书馆正面临着用户群体与使用场景的重大转变。现今，移动用户规模日益壮大，已不仅仅是传统的师生群体，而是扩展至更为专业且需求多元化的科研人员。这一转变要求图书馆的服务模式必须灵活适应，精准对接不同用户层次的信息需求，实现用户群的有效整合与服务升级。

与此同时，科技的迭代催生了多样化的移动终端设备，电子阅读器，平板电脑，功能强大的智能手机，这些设备的普及使得用户群体更加广泛且需求更为复杂。高校图书馆面对这样的挑战，需采取综合性措施，确保服务兼容性，即无论用户选择何种设备，都能享受到一致且优质的移动信息服务体验。这就意味着图书馆不仅要优化现有的移动平台，还要积极探索新技术的应用，如增强现实、虚拟现实等，以满足未来用户群的预期，同时强化跨平台的资源整合能力，构建一个包容性强、响应迅速的智能服务体系，引领高校图书馆进入全新的数字化时代。

（2）检索方式的变化

在大数据时代的影响下，图书馆所掌握的数据量爆炸式增长，其性质也变得异常复杂和动态化。这不仅改变了数据的存储与处理方式，同时也重塑了用户的检索习惯。传统的单一渠道服务，如短信通知与静态网页查询，已经难以匹配用户对信息即时性、个性化及丰富性的追求。当代读者渴望的是一个全方位、多维度的服务体系，能够涵盖移动图书馆联盟提供的资源共享，个性化信息推荐带来的精准匹配，以及移动流媒体服务带来的视听享受。

为了应对这种多元化需求，高校图书馆正在积极拓展服务边界，创建了一个融合多种媒介形式的检索系统。这意味着，当读者寻求特定类型的信息，无论是视频、音频还是文本资料，都可以通过专门设立的入口快速定位，极大地提升了信息获取的效率与体验。图书馆通过增加检索入口，不仅简化了用户操作流程，还促进了信息资源的深度挖掘与利用，确保了每一位读者都能找到符合自身兴趣与研究方向的内容，充分体现了大数据背景下图书馆服务的创新与转型。

第三节　大数据环境下高校图书馆信息服务的模式

一、高校图书馆嵌入式服务模式

（一）高校图书馆嵌入式服务的主要特点

1. 对于用户而言

在数字化浪潮的推动下，嵌入式馆员的角色正经历着深刻的转变，他们运用先进的网络通信技术，无缝融入用户的生活与工作场景之中。这种前沿的服务模式让馆员能够迅速响应用户的信息请求，甚至前瞻性地洞察并满足那些尚未被用户自我识别的信息需求。这一革新彻底颠覆了传统意义上的用户交互模式，馆员不再局限于等待用户主动上门寻求帮助，而是主动出击，成为学术社群中的活跃分子。

他们积极参与各类课堂活动，现身于教学研讨会议，甚至与用户并肩作战，共同拓展研究课题的深度与广度。通过这样的深度参与，馆员们能够深刻理解用户的学科背景，熟知其研究脉络与工作流程，从而提供定制化、即时且高质量的信息支持。这种嵌入式的互动不仅强化了信息传递的效率，更构建了一种基于信任与合作的新型用户关系，使图书馆服务真正成为学术研究与知识探索的强大后盾。

2. 对于服务定位而言

嵌入式服务的核心理念在于实现与用户群体的深度融合，这一特性彰显了馆员不仅仅是传统意义上的信息资源管理者，更是用户社区中不可或缺的伙伴。这种定位强调了馆员角色的多元性和互动性，他们不仅是信息交流的催化剂，也是学术生态中的共创者。

从教研部门的角度观察，嵌入式馆员被视为科研团队的一分子，共同肩负着推进学术研究进程的责任；在课题研究的背景下，他们作为项目组成员，紧密协作，为研究提供深度的信息分析与数据支持；而在教育一线，他们化身教师的智慧助手，辅助课程设计，丰富教学资源。馆员以用户为中心，深入理解并预判用户的需求，真正做到"以用户思维"行动，从而使嵌入式服务的精髓得以全面展现。这种无缝对接的伙伴关系，不仅增强了信息获取的便捷性，也促进了知识创新与传播的高效循环，展现了嵌入式服务模式的无限潜力。

3. 对于服务内容而言

嵌入式馆员的角色远超传统的信息传递者，他们如同知识的织网者，将自身的学科专长无缝编织进用户的工作与学习流程中。通过深度参与用户的项目和研究，嵌入式馆员能够精准捕捉信息需求的脉络，不仅满足表面要求，更能洞悉潜在的探索方向，从而激发新的思考与创新。在虚拟讨论空间，他们化身智囊团的一员，与学生展开互动，不仅解答疑惑，还引导学生掌握高效的信息检索技巧，促进其自主学习能力的提升。

嵌入式馆员巧妙地将图书馆资源融入课程管理系统，确保用户能随时随地访问丰富的学术资料，同时，他们还扮演着图书馆大使的角色，耐心解答用户关于图书馆服务的各种疑问。由于对特定学科领域有着深刻的理解和持续的关注，这些馆员能够提供定制化的咨询服务，帮助用户快速定位所需资源，优化信息检索路径，显著提升学术研究的效率和质量。在这一过程中，嵌入式馆员不仅是信息的导航者，更是学术旅程中的同行者，携手用户共同探索知识的无尽宝藏。

4. 对于馆员专业素质而言

相较于传统参考咨询服务，嵌入式服务对馆员的能力与素质提出了更为严苛的标准。不仅需要承袭传统馆员的基础技能与职业素养，嵌入式馆员还肩负着跨越学科界限的重任，必须深耕于特定领域的专业知识，这成为其核心竞争力的关键所在。在提供服务的过程中，深厚的学科背景成为嵌入式馆员的利器，使他们能够在用户需求的复杂迷宫中准确导航。

这种专业素养的加持，让嵌入式馆员能够以专家的身份参与到用户的项目与研究中，不仅仅是信息的搬运工，而是能够洞察学科趋势、理解学术挑战的合作伙伴。凭借对所服务领域的深刻理解和前沿洞见，嵌入式馆员能够提供高度相关、富有前瞻性的信息服务，助力用户在学术探索与创新实践中取得突破。

5. 对于最终的服务效果而言

嵌入式服务的核心精髓在于其秉持的"以人为本"的基本思想与"以用户及其需求为中心"的服务理念，这一独特的服务范式赋予了图书馆员前所未有的角色灵活性与服务广度。通过深度融入用户的学习、研究乃至工作环境中，图书馆员能够提供一种全方位、个性化的服务体验，用户感受到的不仅是信息的传递，更是贴心关怀的表达。

用户价值与体验的优化，是嵌入式服务矢志不渝的追求。它强调的不仅是满足用户当前的信息需求，更在于预见并解决潜在的知识空白，从而提升用户解决问题的能力与效率。这种前瞻性与定制化相结合的服务模式，极大地增强了用户满意度，促进了用户与图书馆之间的紧密联系，使得嵌入式服务自然而然地赢得了用户的广泛认可和支持。在这样的服务框架下，图书馆员不再仅仅是资源的管理者，而是成为用户成长旅程中的伙伴与顾问，共同构建一个更加互动、高效、人性化的学习与研究生态。

（二）高校图书馆嵌入式服务的实践

1. 嵌入师生科研项目活动中的服务

高校图书馆的嵌入式服务正逐渐在全球范围内蔚然成风，这一创新服务模式主要体现在几个关键领域。

首先，依托于图书馆藏书丰富、信息资源充足的优势，图书馆专业人员能够无缝融入用户所在的科研团队中，扮演起知识导航者的角色。他们在科研活动的全周期内，从选题策划到成果发表，都能提供精准、高效的信息支持与咨询服务，成为科研工作者不可或缺的智囊团。

其次，在科研项目的实施阶段，图书馆员担当着情报分析师的角色，为科研团队挖掘并梳理出详尽的研究背景资料，以及全球范围内相关领域的最新动态，帮助团队把握学术前沿，避免重复劳动，促进科研创新。

最后，图书馆员还具备撰写专题研究报告与技术评估的专业能力，他们能深入剖析特定学科领域的科学机构及其国际同行的发展状况，对研究与发展产品的未来趋势做出前瞻性的分析与评价。这种专业视角下的服务，不仅提升了科研工作的质量和效率，也巩固了图书馆作为学术交流中心的地位，使其在促进知识传播与创新方面发挥更为积极的作用。

2. 嵌入日常教学活动中的服务

对于学生而言，图书馆无疑是校园生活中的第二课堂，它不仅是海量知识的宝库，更是培养信息素养、激发阅读热情的关键场所。因此，图书馆在承担资源提供者角色的同时，更应成为学生信息能力提升的推动者。除了服务于高深的科研需求，图书馆还应深度融入日常学习生活中，成为教育过程中的重要组成部分。

当前，我国的高校图书馆已成功转型，将自身嵌入教学体系中，通过图书馆员担任"信息导师"的角色，活跃在实体教室与虚拟的网络教学空间里。这些学科专家巧妙地将信息素养教育与专业课程相结合，将查找资料、批判性思考、有效利用信息等技能无缝融入日常教学中，使学生在掌握专业知识的同时，也能习得如何在信息海洋中自如航行的能力。

这样的嵌入式服务模式，不仅强化了图书馆作为学习伙伴的地位，也使得信息素养教育更加贴近实际需求，让学生在潜移默化中提升自我，为未来的学习与职业生涯奠定坚实的基础。

3. 嵌入日常学习、生活中的服务

在大数据时代浪潮下，信息环境的剧变正深刻影响着人们的求知方式与信息摄取习惯。伴随现代信息技术的日新月异，新兴的信息服务机构如雨后春笋般涌现，这无疑对传统意义上的社会信息枢纽——图书馆，构成了前所未有的挑战与机遇。面对这一背景，图书馆不再满足于被动地充当静态的知识宝库，而是主动出击，致力于将自身打造成为用户日常学习与生活中不可或缺的嵌入式服务提供者。

图书馆正在经历一场深刻的转型，从一个单纯的藏书之所，演进为一个集信息检索、知识共享、技能培养功能于一体的综合性平台。它们积极拓展服务边界，不仅在线上线下提供定制化的信息导航，还开展信息素养教育，帮助用户在浩瀚的信息海洋中精准定位所需资源，同时，图书馆也通过参与课程设计、提供研究支持等方式，紧密贴合学术与个人成长需求，确保其服务能够无缝对接用户的日常生活，从而在新时代下持续发光发热，维持其作为社会信息核心的重要地位。

4. 嵌入政府及企业中的服务

随着高等教育机构逐渐敞开大门，高校图书馆的角色亦随之进化，不再局限于校园围墙之内，而是向更广阔的社会舞台延展其影响力。在这一进程中，图书馆不仅慷慨分享其文献宝藏和静谧的学习环境，更进一步将自身定位为公共知识交流的活跃节点。图书馆巧妙融合其固有优势与社会需求，策划并实施了一系列旨在促进知识传播与社区发展的活动和服务项目。

特别值得一提的是，图书馆开始积极探索与社会、企业及科研机构的深度合作，通过提供定制化的嵌入式服务，直接响应这些合作伙伴的具体需求。其中，专题报告的编制与分享成为图书馆嵌入式服务的核心组成部分，图书馆员凭借其专业素养，深入分析特定领域的最新动态与研究成果，为非学术界人士量身打造知识解读与趋势分析，助力决策制定与创新实践。这种服务模式不仅强化了图书馆作为知识中介的角色，同时也促进了知识的跨界流动与应用，彰显了高校图书馆在推动社会进步方面的独特价值与贡献。

二、高校图书馆知识服务模式

（一）高校图书馆学科知识服务系统的构成

1. 学科知识服务用户

在知识服务的生态体系中，用户往往被赋予一个更为生动的称谓——知识受众，他们是知识传播链条上的关键节点，无论是个人还是机构，均扮演着接收、消化并内化新知的重要角色。尤其在高校图书馆这一知识宝库中，教师与学子构成了核心的受众群体，他们对学科知识的渴求与探索，不仅是图书馆服务的出发点，更是其持续优化与演进的动力源泉。

在现代知识服务框架下，用户的身份远不止被动的接受方与消费者。相反，他们既是服务的催化者，激发着知识内容的不断丰富与形式的创新，也是潜在的知识贡献者，随时可能转化身份，成为知识链条上的创造者与分享者。大学，作为智慧的熔炉，汇聚了各学科领域的权威专家与学术新秀，这些人正是推动知识前沿探索与创新突破的中坚力量。因此，高校图书馆不仅服务于当下，更着眼于未来，致力于培养和赋能下一代知识领袖，促进知识的生生不息与循环往复，构建起一个充满活力与创造力的知识生态系统。

2. 学科馆员

学科馆员在学科知识服务体系中占据着举足轻重的地位，他们不仅是知识导航的核心，而且是连接学术资源与知识需求者的桥梁。作为多面手，学科馆员不仅需要掌握深厚的相关学科专业知识，还要精通图书情报管理技能，这种复合型能力使他们在指导用户有效利用信息资源时能够游刃有余。

从某种程度上说，学科馆员扮演着知识探索者的角色，他们对学科领域深度挖掘，结合个人理解和经验，创造出富有洞见的新知识成果，从而引领知识消费者进入更广阔的学术天地。他们的工作超越了传统的信息传递范畴，而是在深入理解用户需求的基础上，精心策划资源建设、协同服务项目以及用户教育活动，旨在构建一个全方位、多层次的知识服务平台。

学科馆员的工作重心已从过去单一的信息提供转向了综合性服务，他们致力于打造一个集资源发现、知识交流与学习提升于一体的生态环境，通过精细化的服务策略，满足不同用户群体的个性化需求，促进学术研究与教学活动的繁荣发展。在这个过程中，学科馆员不仅是知识的守护者，更是知识创新的催化剂，他们以前瞻性的视角和专业化的服务，推动着知识服务领域的不断进化与完善。

3. 信息资源库

图书馆的资源宝库融合了实体馆藏、数字化网络资料及高效的信息检索机制，共同构筑了一个丰富的信息生态。这个生态的核心是由文献、事实、数据等组成的显性知识体系，它们被精心编目与维护，以供广泛使用。图书馆采用学科分类法对这些资源进行条理化管理，确保信息的有序性和可获取性，这一套成熟的信息管理框架源于图书馆学深厚的理论根基与实践经验。

在知识服务的维度上，图书馆的显性知识储备构成了学科研究与学习的基石。随着时代的发展，对知识组织、挖掘、发现、分析及智能技术的研究日益深化，图书馆正逐步转型，从单纯的信息存储中心升级为全面的知识管理中心。未来的图书馆将不再局限于显性知识的保管，而是向包含隐性知识的综合性知识库迈进，实现知识的深度整合与智慧应用，为用户提供更加精准、个性化和前瞻性的信息服务。这一转变标志着图书馆事业正朝着更加智能化、知识化和用户导向化的方向发展，旨在创造一个充满活力和创新的学习与研究环境。

4. 学科知识库

在高校图书馆的语境下，知识服务超越了传统信息服务的范畴，其核心差异聚焦于学科知识库的建设和应用。学科知识库不仅是高校图书馆知识服务体系的基石，而且是推动学术研究和教学创新的重要引擎。它汇聚了学科馆员在日常解答用户咨询时提炼出的显性知识精华，这些知识通过与馆员自身隐性知识的交织，以及对信息资源库中大量显性知识的吸收，演化成解决特定学术难题的知识成果或创新性知识产品。

学科知识库的构建是一个动态过程，涉及知识的捕获、整理、评估与优化，最终形成结构化、高质量的知识资产，以满足后续用户的查询需求，或作为原材料，经由再次加工，生成更高级别的知识产出。与通用型知识库不同，学科知识库的特色在于其内容严格遵循学科分类体系，确保知识的专业性和深度。高校图书馆可以根据各自的学术专长，建设具有鲜明特色的学科知识库，不仅强化了图书馆的知识服务能力，也促进了学科间的交叉融合与知识创新，为高校师生提供了一个集知识发现、学习和研究于一体的综合平台。

（二）高校图书馆学科知识服务模式构建

1. 明确用户提问，确定用户需求

图书馆的学科知识服务平台扮演着知识守门人的角色，它负责接收并理解用户提出的各类咨询，通过细致的分类和归档，将问题导向至最匹配的学科领域专家或学科

馆员手中。这一流程的核心价值在于，它不仅简化了用户寻求帮助的路径，还确保了问题能够被具备相关背景知识的专业人士精准解答。

学科馆员在这一过程中承担着桥梁的角色，他们通过与用户展开深入对话，不仅能澄清和细化用户初始表述较为宽泛或模糊的需求，还能发掘隐藏在表层之下的深层次知识渴求。这种人与人之间的互动，消除了自动化系统在处理复杂、非标准化请求时的局限性，体现了人文关怀与专业指导的结合。

学科馆员与用户之间建立的有效沟通机制，是整个知识服务生态中不可或缺的一环。它不仅有助于用户准确界定和表达其知识需求，也为学科馆员提供了制定个性化服务策略的依据，进而选择最适合的服务工具和技术来满足用户的独特要求。这种基于对话的服务模式，不仅提升了知识服务的效率和质量，还促进了知识的共享与创新，增强了图书馆作为知识中心的核心竞争力。

2. 知识服务用户的意见反馈

在知识传递的过程中，用户对学科馆员所提供信息的反馈至关重要，它构成了知识服务闭环中的关键环节。当知识用户接收到所需资料并感到满意时，这标志着一次成功的知识交互，服务随即圆满结束。然而，如果用户发现所提供的知识未能完全满足其需求或期望，反馈的不满则成为学科馆员调整策略、深化检索，乃至重新设计服务方案的契机。在这种情况下，持续的沟通和迭代服务成为必然，直至用户的问题得到妥善解决。

用户反馈不仅是衡量知识服务质量的标尺，更是推动学科知识服务体系不断进步的动力源泉。无论是正面的肯定还是建设性的批评，都是学科馆员优化服务流程、提升信息准确性和响应速度的宝贵数据。因此，建立健全的反馈机制，鼓励用户分享其体验，对于学科知识服务体系的持续完善和效能提升具有不可估量的价值。通过收集和分析这些反馈，学科馆员能更好地理解用户需求的多样性，促进服务个性化，增强用户满意度，最终构建起一个更加高效、精准和用户友好的知识服务环境。

3. 学科知识库的管理

对知识服务的用户而言，获取精确且满意的解答往往标志着一次服务周期的终结，但对高校图书馆所构建的学科知识服务体系而言，这恰恰是另一层面工作的起点——知识的积累与体系化。每当一次服务完成，学科馆员不仅解决了用户即时的需求，同时也为知识库增添了新的内容。这些经过精心筛选和整理的信息，按照学科分类被有序地存储，逐渐丰富和优化着知识库的结构与内涵。

随着学科知识服务的辐射面日益扩展，服务对象数量的增长及学科领域细分程度的加深，知识库的内容也随之动态演化，呈现出更为全面、深入和及时的特点。这种基于实际服务经验的积累，不仅充实了知识库的存量，更促进了其质量的提升和结构的优化，使之成为一个活态的、自我更新的知识资源宝库。

高校图书馆作为知识服务的核心平台，正积极运用前沿的信息技术和网络手段，致力于为师生提供集知识性、专业性与个性化于一体的综合信息服务。这一创新的服务模式，旨在全方位满足高等教育领域内科研创新与教学活动的多样化需求，体现了图书馆向知识型机构转型的发展趋势。

三、高校图书馆信息共享服务模式

（一）信息共享空间的目标

为了全面响应用户多元化的信息与学习诉求，现代图书馆致力于构建一个开放、包容的个性化服务平台。在这里，用户享有无限制接触各类资源的权益，无论是实体藏书、电子数据库、多媒体资料还是互联网上的海量信息，皆可一站式获取。通过这种无缝对接的资源访问方式，图书馆的优势得以最大化展现，确保每一位访客都能依据自身需求定制专属的学习路径。

同时，图书馆肩负着提升用户信息素养的重任，通过定期举办信息检索技巧培训、评价数据源可靠性的研讨会以及高效利用信息资源的讲座，培养使用者在信息海洋中自如航行的能力。用户不再仅仅是被动接收信息，而是成为主动探索、批判分析与创造性应用知识的主体。

（二）信息共享空间的基本原则

1. 需求动态性

在网络信息爆炸与社会价值观演变的双重驱动下，图书馆用户的信息需求正经历一场深刻的变革，展现出前所未有的多元化与动态化特征。这一趋势不仅标志着用户对信息的渴望日益增长，更反映了他们对知识获取方式的深刻认知转变。

现今，用户不再局限于传统的借阅模式，而是倾向于多种渠道的融合运用，包括自主搜索、电子资源下载、社交媒体互动以及面对面的学术交流。与此同时，他们对于馆员的角色期待也发生了变化，从简单的信息提供者升级为积极的合作伙伴，期待馆员能主动推送相关资讯，提供个性化服务，从而形成更为紧密的互动关系。

2. 服务集成性

信息共享空间作为现代图书馆的核心组成部分，扮演着多功能复合体的角色，它不仅是学术研究与教育活动的温床，也是文化交流与休闲娱乐的交汇点。这一空间旨在构建一个全面的服务生态，将参考咨询、多媒体资源、深度研究支持与尖端技术应用无缝整合，形成一体化的信息服务体系。用户在此环境中，能够享受到"一站式"服务的便利，即在无须辗转于不同部门或平台的情况下，高效快捷地获取到所需的各种信息与资源。

3. 知识共享性

信息共享标志着图书馆服务模式的一次革新，它超越了传统图书馆的局限，成为一个响应用户个性化信息需求的动态平台。这一概念的引入，旨在创建一个促进合作与信息自由流通的环境，这是以往图书馆服务所未能充分提供的。在这里，用户不再仅仅是被动的信息接收者，而是转变成为积极参与知识创造与分享的主体。

（三）面向集成服务的信息共享空间的构建

1. 信息共享空间的战略规划

信息共享空间的战略规划精髓在于通过整体优化各部门运作，提升综合服务能力。

实现这一目标的关键，在于构建一种注重跨部门协作的战略规划视角。这意味着要打破传统的层级壁垒，简化组织架构，推动高校图书馆向更加扁平化的网络式管理转型。在这样的结构下，各个部门不再是信息孤岛，而是紧密相连的节点，促进了信息的快速流通和资源共享。

2. 信息共享空间的构建要素

（1）物理空间

在信息共享空间的设计理念中，构建要素是创造多元化的物理环境，旨在满足用户个性化的需求，促进学习与交流的深度融合。这不仅仅是提供静态的阅读角落，更是构建动态的互动场所，如配备先进视听设备的多媒体电子教室，鼓励团队协作的小组讨论室，以及专为深化研究而设的咨询区域和独立研究室。每一处设计都承载着特定的功能，旨在激发创造力，促进知识的探索与分享。

（2）人员

在信息共享空间的构建与运营中，人力资源扮演着至关重要的角色，其专业素养和服务质量直接影响着空间效能的发挥。这一生态体系由多维度的专业人才共同支撑，包括但不限于信息技术专家、参考咨询馆员以及多媒体工作者。信息技术专家是技术保障的基石，他们精通软件、硬件及网络领域，随时准备为用户提供高效的技术支持，确保信息访问的畅通无阻。参考咨询馆员则如同知识的向导，以其丰富的信息检索经验和深厚的学科背景，协助用户解锁资源宝库，解答在研究过程中遇到的各种难题。而多媒体工作者，则是创意和技术的融合者，他们不仅辅导学生掌握多媒体制作技巧，还与教师合作，开发出更贴近教学需求的数字化教育资源，推动教育方式的革新。

（3）信息资源

信息共享空间超越了传统图书馆的界限，成为一个集成化、多功能的知识交流中心，它不仅汇聚了实体馆藏，更囊括了丰富的电子资源、专业数据库、多媒体文件以及网络信息，旨在满足用户多元化的信息需求。在硬件层面，空间配备了先进的技术设备，如高性能的计算机、稳定的通信系统，辅之以复印机、打印机、扫描仪等办公必需品，以及照相机、投影仪等多媒体创作工具。此外，精心设计的舒适桌椅、沙发，以及宽敞的休息区域，共同构建了一个既实用又宜人的物理环境，鼓励用户在此驻足、探索和交流。

（四）对我国高校图书馆构建信息共享空间的指导

1. 我国高校图书馆构建信息共享空间应具备的条件

（1）在资源建设方面

为了适应数字化时代的需求，高校图书馆正经历着深刻的转型，其核心是从单一的传统馆藏模式转向融合实体资源与网络信息资源的综合性服务平台。尤其在网络信息资源的拓展上，图书馆积极引入国内外权威的期刊数据库，提供覆盖多学科领域的电子资源，同时强化参考咨询服务，利用在线平台实现即时互动，帮助师生解决学术研究中的信息查询难题。此外，光盘数据库的整合与开放，进一步丰富了电子文献的种类，使得图书馆的服务不再受制于物理空间，跨越地域障碍，让知识的获取变得更加便捷和广泛。

（2）在馆员素质方面

面对信息时代的挑战与机遇，高校图书馆正致力于提升服务质量，以满足教学、科研及社会对信息资源日益增长的需求。图书馆工作人员被赋予新的使命，他们运用自身的技术专长、专业知识和综合能力，为用户提供个性化、高效的信息服务，紧跟时代步伐。为此，高校图书馆倡导建立了一套全面的人才培养体系，其中，"学科馆员""信息导航员"和"知识型馆员"等角色的提出，旨在强化图书馆员的专业素养和服务水平。

（3）在面向用户服务方面

当今，大多数高等教育机构的图书馆深刻认识到，其核心职责在于紧密围绕用户的信息需求，提供即时且具有针对性的知识资源与服务。这标志着图书馆从传统的资料存储中心向现代信息服务枢纽的转变，旨在确保学术社群能够获取到最相关、最有价值的信息内容。通过积极倾听并响应师生的研究、学习及创作需求，图书馆不仅成为信息的传递者，更是知识探索的伙伴，助力高校社区成员在信息海洋中徜徉，促进学术创新与教育质量的提升。这一用户导向的服务理念，正在重塑图书馆的角色，使其在数字化时代中扮演更加关键和活跃的角色。

2. 我国高校图书馆构建信息共享空间的策略

（1）注入信息共享空间的理念

在图书馆的现代化转型中，构建信息共享空间的理念日益凸显，成为推动图书馆服务创新的关键趋势。这一概念强调创建一个融合实体与虚拟环境的平台，旨在促进不同背景用户之间的知识交流与思想碰撞。信息共享空间精心设计，旨在满足个人深度学习、小组协作研讨以及集体项目研发等多元化需求，它通过提供丰富的信息资源、先进的技术工具和灵活的空间布局，激发使用者的好奇心与创造力，进而催化知识的生成与传播。

（2）制定信息共享空间的规划

鉴于国内对信息共享空间理论框架的探索尚处于初期阶段，面临不少挑战，我国图书馆在规划时必须采取务实且前瞻性的策略。这不仅要求充分利用现有的物质与技术基础，更要广泛汲取国际上成功的信息共享空间经验，从中提炼可借鉴的经验与模式。规划过程需紧密贴合图书馆的实际条件，同时深入理解用户使用行为的特性，确保战略规划的精准度与适用性。由此制定的方案，将有效指引图书馆信息共享空间的构建，确保其能够精准对接用户需求，促进知识的高效流通与创新思维的培育，彰显信息共享空间规划在图书馆现代化进程中的核心价值与导向作用。

（3）构建合理的信息共享空间服务体系

在迅猛发展的科技与日益多元化的学习生态推动下，传统高校图书馆的服务形态正遭遇前所未有的挑战，已难以充分满足当代用户对信息获取与交互的期待。为此，高校图书馆亟须革新自我，积极拥抱变化，方能与时俱进，持续发挥其在学术研究与教育支持中的关键角色。信息共享空间的兴起，作为一项以用户为中心的创新服务范式，不仅为高校图书馆的转型注入了新动力，更开辟了广阔的发展前景。

　　要全面构建信息共享空间，图书馆必须细致考量四大核心要素——物理环境、信息资源、服务项目及人力资源的协同布局。这意味着既要精心设计灵活多变的实体空间，以适应不同规模群体的学习与协作需要，也要通过数字化手段拓展虚拟平台，促进线上线下无缝融合。在此基础上，图书馆应主动倾听用户声音，量身定制多样化的服务体验，确保每个角落都能成为激发灵感、促进交流的知识绿洲。

第六章

高校数字化智能校园的信息安全建设

第一节　机房智能化信息管理系统的建设策略

一、机房管理总体要求

（一）系统构成

高校网络中心机房作为信息技术的核心枢纽，其设备系统被精细划分为多个关键领域，包括供配电、环境控制、消防安全与安全防护。供配电体系由主配电、分支配电及不间断电源构成，确保电力稳定且连续供应。环境控制系统则涵盖精密空调、通风换气及温湿度监测，营造适宜的工作条件，保护敏感设备免受环境因素影响。消防设施集成了预警机制、温度烟雾探测与应急灭火装置，保障第一时间响应火警。安全防范系统整合了出入权限管理、视频监控与入侵警报，构筑多层次的安全屏障。

（二）管理的对象及其主要功能

1. 供配电系统

高校网络中心机房的数字化电源监控体系通过专用模块，持续监测不间断电源输入端一级配电的三相电源特性，包括但不限于电压、电流、频率、功率因数以及有功和无功功率。这一实时监控确保系统管理员和操作员能够即时掌握电力分配的平衡性，任何超出预设范围的波动都会触发多媒体语音警报，同时系统自动呼叫预设电话，紧急通知相关人员介入处理。历史数据曲线允许按天检索，展现电压、电流及功率指标的动态变化，提供最大值、最小值与平均值的详尽记录，便于趋势分析与故障排查。

2. 环境系统

为了确保数据中心的高效与安全运行，我们整合了一系列智能化管理系统，覆盖了环境控制、空气质量以及泄漏防护等关键领域。通过空调智能控制器，实现了精密空调的全面监管，不仅实时展示压缩机、过滤器、风机、加热器及附属设备的运行状态，还能在检测到故障时，于处理窗口提供有针对性的维修指南，简化维护流程。系统赋予管理员远程调节空调温度与湿度的能力，灵活控制设备启停，同时支持定时任务设定，确保机房环境始终保持在理想的工作条件。

机房新风系统的智能管理则致力于优化室内空气质量，通过引入室外新鲜空气，为工作人员创造健康舒适的工作空间，同时保持机房内高于外界的气压，有效阻挡尘埃侵入，提升整体清洁度。新风系统智能控制器不仅监控风力强度，还能够在出现异常时，指引操作人员迅速应对，实现风力调整、设备开关的远程控制，进一步增强自动化水平与便捷性。

漏水检测系统作为预防性维护的关键一环，采用高灵敏度的漏水检测线环绕可能产生泄漏的区域，如空调排水区、中心机房地板下以及管道密集区。一旦监测到水迹，漏水智能控制器即刻触发实时警报，确保管理人员第一时间获知情况，快速响应，避免潜在的水损风险，保护贵重设备免受损害。整个系统的设计理念围绕着智能化、自动化展开，旨在构建一个稳定、安全且高效的机房环境。

3. 消防系统

为保障机房内关键设施的安全，我们采用了先进的自动灭火系统，制定了无管网设计的气体消防解决方案。该系统精心布局，将机房划分为四个独立的防火区：供配电区、服务器区、网络区和工作区，每个区域均配备了一套完善的安全防护措施。其中包括智能感烟与感温探测器，用于精准识别初期火灾迹象；气体喷洒指示灯，用于明确喷放过程；现场紧急启动/停止按钮，以便人工干预；声光报警器，提供即时警示；切换模块，确保电路安全；气体灭火钢瓶，存储灭火剂。

4. 门禁系统

门禁系统，作为现代安全管理的重要组成部分，不仅负责进出权限的精细化管理，还具备高度智能化的特性。它通过对门区权限的细致划分，结合不同的进出时段和方式，实现了对访问者身份的有效管控。系统内置的黑名单功能能够即时识别未经授权或存在安全隐患的卡号，一旦发现，会自动封锁相应入口并触发警报，确保非授权人员无法侵入。

管理者可通过中央微机平台，实时监控每一扇门的动态，包括人员的进出记录和门区的实时状态，实现对安全状况的全面掌握。系统内置的出入记录查询功能，能够保存详尽的历史记录，无论是进出详情还是状态变更，都能以报表的形式按需检索和打印，便于事后审计和数据分析。此外，异常报警系统能在遭遇突发状况时迅速响应，通过计算机向相关人员发送警报，提高应对效率。

5. 服务器

服务器管理是信息技术基础设施中的核心环节，涉及硬件与软件两个层面的深度监控与维护。从硬件层面来看，智能化管理系统持续监测着服务器的关键指标，如CPU的负载程度、内存的可用容量以及磁盘空间的占用情况。这些数据的实时收集与分析，构成了对服务器健康状况的直观反映。一旦检测到任何指标偏离预设的正常范围，系统立即启动预警机制，依据报警的严重程度，自动向指定的技术人员推送警报，促使他们迅速介入，采取必要的纠正措施，防止潜在的故障升级为实际的服务中断。

二、机房智能化管理系统的应用

（一）环境管理系统的实现

确保数据中心高效运作的关键，在于对机房环境的精细管理和严密监控。这一过程涵盖了电力供应、温度与湿度控制，以及精密空调系统的全天候监测，旨在维持一个稳定且适宜的运行环境。尤其重要的是，机房内部的消防设施与建筑整体的消防网络无缝对接，能够迅速响应并识别火情，即时触发警报，为及时应对赢得宝贵时间。

在技术层面，这一切精密的环境监控依托于一套集成化的数据采集系统。位于管理软件架构最底层的数据采集层，装备有专门针对各类环境参数检测的智能模块。这些模块能够直接从现场设备的通信接口获取实时数据与报警信号，涵盖从电源波动到空气温湿度的每一项关键指标。采集到的信息随即通过专用通道，被传输至中央管理主机，实现对环境状态的实时更新与分析，确保任何潜在风险都能被迅速识别并妥善处理。

（二）服务器管理系统的实现

服务器作为中心机房的心脏，其健康状况直接关系到业务系统的连续性和可靠性。因此，对服务器的全方位监测成为机房管理的重中之重。这一监测体系涵盖了硬件健康指标与软件服务状态两个维度，旨在全面掌握服务器的运行态势，并迅速响应异常情况。

在硬件层面，借助专业监控软件，对服务器的关键参数如 CPU 负载、内存占用率、存储空间使用情况等实施不间断监测。一旦检测到指标偏离预设的安全阈值，系统将依据问题的严重程度自动分级为一般警告、严重警告直至故障，其中前两级虽未立即中断服务，但也预示着潜在风险，若不及时干预，可能逐步演变为系统停摆。

软件监测则聚焦于服务器承载的业务功能，特别是数据库系统和特定应用服务。数据库的稳定性通过服务状态、数据存储效率、事务处理能力、错误记录以及锁定机制等多角度评估。而其他软件服务，则侧重检查其可用性与用户会话管理，确保无间断地为用户提供高质量服务。

（三）网络管理系统的实现

网络系统作为数据中心机房的动脉，其流畅度直接决定着整体架构的生命力。Netcool 软件以其卓越的兼容性、即时响应能力和前瞻性的故障预测技术，成为这一关键领域的守护者。它不仅跨越不同制造商的设备界限，还能无缝对接各类平台，确保所有网络组件和链路的透明化管理。

在 Netcool 的框架下，监管工作被精细划分为基础平台、监控平台及流程平台三个层次。基础平台布设的数据探针如同神经末梢，时刻感知网络脉搏，实时抓取设备与链路的原始数据。这些数据随后被传送到监控平台，这里犹如大脑中枢，负责数据的深度解析、分类整合与可视化展现。监控平台将信息归纳为综合事件、网络性能概览及动态网络拓扑三大模块。综合事件通过柱状图直观展示各类事件的频次；网络性能则详尽呈现设备端口的协议状态、带宽利用、流量趋势及 IP 配置；动态网络拓扑则生动描绘出各节点间的互联生态。最后，经由监控平台的智能分析，数据以精炼的形式呈现在流程平台，便于用户一目了然地获取关键信息。此外，对于高危预警或故障，系统会主动触发警报，通过电子邮件、短消息或自动语音通知等多元化渠道，确保相关人员第一时间介入处理。

第二节　高校教学联合体网站平台的建设方案

一、高校教学联合体网站的设计

（一）高校教学联合体网站的主要功能模块

1. 用户管理模块

在高校教学联合体网站的用户生态系统中，主要区分了两大群体：学习者与教师。其中，教师群体不仅扮演着传统的教育者角色，还额外承担了系统管理员的职责，他们的账户管理采取非自动化的人工分配模式。相比之下，学习者需通过一个结构化的注册流程加入平台，这包括了展示详细的注册表单与指引、验证输入信息的有效性、提供错误反馈、确保用户名的唯一性、记录用户信息至数据库以及最终确认注册成功的通知。

2. 资源中心模块

高校教学联合体网站秉持开放共享的理念，旨在促进教育资源的广泛传播与高效利用，这不仅是联合体发展的内在动力，也是各高校追求卓越教育质量的外在表现。资源，作为网站的核心支柱，承载着教学、科研与文化交流的多重使命，其建设和组织策略直接影响着平台的活力与影响力。

在资源构成上，网站集成了丰富多元的内容库。初始建设阶段，网站便囊括了一系列权威资料，如高校教学联合体的政策文件、规章制度、招生指南及就业动态，乃至详尽的图书信息，为用户提供全面的背景知识与实用资讯。随着平台的深入运行，教师与学生的积极参与催生了更为鲜活的资源生态——在线学习材料、学术研究成果、精品课程视频等，这些动态生成的资源反映了教育实践的前沿动态与创新思维。

3. 教学管理模块

教学管理模块是高校教学联合体中至关重要的组成部分，它致力于构建一个灵活而高效的教学资源共享平台，旨在推动学生跨校选课与学分互认机制的完善，同时促进教师之间的交流与合作。借助这一模块，各高校能够实现专业与课程的互补，优化资源配置，为学生提供更多元化的学习机会。

通过智能化的管理手段，教学管理模块能够建立健全的教学资源共享运行机制，激发各成员学校开放校园资源的积极性，包括实验室、图书馆、信息技术中心以及体育设施等。这样的举措不仅能够提高现有教育资源的利用率，还能促进学术研究与实践教学的深度融合，进一步提升教育质量和学术水平。

4. 协作学习模块

在协作教学的领域，高校联合体的协作学习模块扮演着关键角色，它不仅是信息交流的枢纽，更是推动深度学习与资源共享的催化剂。这一模块的设计初衷在于搭建一个超越传统论坛的多功能平台，旨在促进成员间的互动与合作，从而深化教学成效。

高校联合体协作学习模块的核心价值在于其全面的功能集，它不仅支持用户就特定主题发起讨论，邀请全体成员参与，分享见解，还提供了丰富的工具，协助用户围绕学习内容开展多样化的活动。这些活动精心设计，旨在增强参与者之间的协作精神及解决实际问题的能力。通过有效的组织与引导，协作学习模块确保了每一次互动都富有成效，让用户深刻体验到团队合作带来的益处。

（二）高校教学联合体网站架构的核心考量

在高校教学联合体网站的架构中，优化服务器负载和提升用户体验是一项核心考量。为此，采取了一种策略，即将部分逻辑和任务移至客户端执行，以减轻 Web 服务器的数据处理压力。具体来说，利用客户端脚本语言如 JavaScript，可以在用户界面即时验证表单输入，确保数据的有效性和合法性，无须频繁往返于服务器，从而提高了交互效率和响应速度。

此网站采用了标准的 HTTP 通信协议，建立起客户端与服务器间稳健的对话机制。每当客户端发起请求，不论是浏览页面还是提交数据，服务器都会通过 HTTP 接收并解析这些请求，执行相应的业务逻辑或数据库操作，最终将处理后的结果封装成 HTML、JSON 或其他格式的响应，再经由 HTTP 发送回客户端展示。这一过程中，IIS 作为 Web 服务器，扮演着至关重要的角色，它不仅负责接收和响应客户端的请求，还通过其内置的 ISAPI 接口，特别在处理动态内容时，能够调用如 ASP 等应用程序，实现复杂页面的动态生成和高效交付，确保了高校教学联合体网站的稳定运行和用户友好体验。

二、地方高校教学联合体网站的安全性

地方高校教学联合体网站作为信息化教学和管理的重要平台，其安全性的保障至关重要。以下是确保该平台安全性的几个关键措施：

1. 服务器双机热备

通过集群技术实现服务器的高可靠性和安全性。集群技术不仅可以实现负载均衡和容错，还可以提高服务器的响应速度和资源利用效率，同时避免单点失效的风险。

2. 数据备份与恢复

采用高校网络数据备份、系统灾难恢复和网络数据恢复策略，确保数据的安全性。建议使用磁盘备份方法，并结合专业备份软件，实现固定周期的系统灾难恢复功能。

3. 数据库的安全保护

通信保护：数据库与应用服务器之间的通信采用 IPSec 加密通信方式，确保数据传输的安全性。

权限保护：采用数据库支持的认证授权方式，以确保系统的稳定性和可靠性。

用户定义的数据库角色：将具有相同安全权限的用户分组，创建数据库登录，映

射到特定的数据库用户，然后添加到数据库角色，并在数据库对象上创建访问权限。

4. 网络传输及本地数据的加密保护

所有客户端与服务器端的双向数据传输都通过 DES 加密，以确保数据传输的安全性。

这些措施共同构成了地方高校教学联合体网站安全体系的框架，通过这些措施可以有效地保护网站的数据安全，防止数据泄露和未授权访问，从而确保教学和管理活动的顺利进行。

三、高校教学联合体网站的配置发布

高校教学联合体网站的建设是一个复杂的过程，涉及多个步骤，以确保网站能够顺利发布并进行试运行。以下是完成发布任务的关键步骤：

1. 配置 IIS 的 IP 地址

IIS（Internet Information Services）是微软的服务器管理软件，需要为其配置一个 IP 地址和端口号，以便用户能够访问。默认的 IP 地址是 127.0.0.1，通常用于本地测试。在实际部署时，需要将 IP 地址设置为服务器的公网 IP 地址，并为网站配置一个端口号。可以通过 IIS 管理器进行设置。

2. 建立虚拟目录

在 IIS 中，虚拟目录允许将网站的特定部分映射到服务器上的物理目录。通过右键点击"默认 Web 站点"，选择"新建"然后"虚拟目录"，按照提示设置虚拟目录的别名和物理路径。

3. 设定虚拟目录

虚拟目录创建后，需要对其进行详细配置，包括设置访问权限、应用程序映射以及首页文件等。这些设置对于 ASP 等动态网页文件的运行至关重要。

4. 运行程序

配置完成后，可以使用 IE 或其他浏览器通过配置的 IP 地址和端口号访问网站，或者通过虚拟目录进行访问，以测试网站的运行情况。

此外，随着我国高等教育从精英教育向大众化教育转变，地方高校的管理体制正在加速改革以适应社会发展的需要。高校教学联合体网站的建设不仅是高等教育现代化的一部分，也是推动教育资源优化配置、降低教育成本、提升教育质量、促进社会经济发展的一种创新模式。通过这种模式，高等教育能够更好地实现规模、结构、质量和效益的全面协调发展。

第三节　高校校园网双层入侵检测系统的建构

一、高校校园网存在的问题分析

（一）高校校园网的安全问题

网络安全的核心是确保网络上信息的安全。这不仅涉及网络系统和计算机系统的软硬件环境的安全，更重要的是保护数据信息和内容的安全性。校园网由于其开放性，既是网络攻击的多发地，也是攻击者易于攻击的目标。当前校园网面临的安全问题主要包括：

1. 计算机系统存在漏洞，这些漏洞对信息安全、系统使用和网络运行构成了严重威胁。

2. 安全意识不足，许多接入网络的计算机没有采取必要的保护措施，导致文档资源流失和信息泄露。

3. 计算机蠕虫、木马和病毒泛滥，严重影响用户使用、信息安全和网络运行。

4. 外来的系统入侵和攻击等恶意行为，一些已被攻破的计算机被用作黑客攻击的跳板。

5. 拒绝服务攻击越来越普遍，许多攻击针对的是重点高校的网站和服务器。

6. 内部用户的攻击行为，这些行为对校园网的正常运行造成了不良影响。

7. 校园网内部用户滥用网络资源，如提供免费的视频、软件资源下载，占用大量网络带宽，影响校园网使用。

8. 垃圾邮件和不良信息的传播，一些无人管理的校园网服务器被用作中转，严重影响学校网络的正常运行。

这些问题要求校园网管理者采取有效的安全措施，提高安全意识，加强系统防护，以确保校园网络环境的安全稳定。

（二）网络入侵检测的重要性

计算机网络的稳定运行不仅需要依赖多种内外部条件，同时也要确保系统能够提供安全服务，保障数据的安全性。随着全球互联网技术的发展和用户数量的增加，用户需求与安全防护需求之间的平衡变得尤为重要。在这一背景下，入侵检测技术应运而生，旨在提高网络服务的安全性，减少外来入侵者的攻击。

入侵检测技术是对传统防火墙技术的补充，它通过以下五大安全防护行为来提升网络信息传输的安全性：

1. 识别入侵行为，及时发现潜在的威胁。

2. 确定入侵数据的来源，追踪攻击者。

3. 监测并预判数据行为的倾向，提前防范可能的攻击。

4. 及时响应入侵信息，并向网络安全管理人员发送报告，降低攻击的危害。

5. 识别防火墙技术可能遗漏的网络入侵行为，提供更全面的安全防护。

然而，目前大多数网络入侵检测产品采用的是单数据包模式匹配检测方法，这种方法在处理大规模模式集时的检测效率和性能仍有待提高。要解决这一问题，需要对现有技术进行深入分析，找出存在的问题，并设计出既实用又高效的入侵检测系统（IDS）。这样的系统应具备快速响应能力，能够为我国网络数据安全提供强有力的支持和研究数据。通过不断的技术创新和系统优化，可以更好地平衡信息安全与网络服务之间的关系，确保网络环境的安全稳定。

（三）入侵检测系统分类

入侵检测系统是网络安全领域中的关键技术，主要用于检测和预防网络攻击。根据其数据来源和系统结构，入侵检测系统主要分为以下几类：

1. 基于主机的入侵检测系统（HIDS）

这种系统主要在单个主机上运行，监控和分析该主机的活动，识别可能的入侵行为。HIDS 侧重于检测主机内部的异常行为，如未授权访问、恶意软件执行等。

2. 基于网络的入侵检测系统（NIDS）

NIDS 通过监控网络流量来检测入侵行为。它通常部署在网络的关键节点，如路由器或交换机上，分析经过的数据包，识别可疑的网络活动和攻击模式。

3. 分布式入侵检测系统（DIDS）

DIDS 结合了 HIDS 和 NIDS 的特点，通过在多个主机和网络节点上部署检测系统，实现更广泛的监控和分析。这种系统能够提供更全面的安全防护，但同时也需要更复杂的管理和协调。

此外，入侵检测系统还可以根据其检测技术分为以下两种类型：

误用检测（Misuse Detection）：这种技术基于已知的攻击模式和行为特征来识别入侵行为。通过预先定义的规则和签名，系统能够检测到与这些特征相匹配的活动，从而发现潜在的攻击。

异常检测（Anomaly Detection）：与误用检测不同，异常检测不依赖于已知的攻击特征。它通过建立正常行为的基线，然后检测偏离这些基线的活动。这种方法可以发现未知的攻击和异常行为，但也可能产生更多的误报。

数据包捕获技术是实现入侵检测系统的关键技术之一。它允许系统捕获和分析通过网络传输的数据包。在 Windows 平台上，数据包捕获可以在应用层和核心层实现，为入侵检测提供了必要的数据支持。

通过这些不同的系统和检测技术，可以更有效地保护网络和主机的安全，及时发现并响应各种网络威胁。

（四）入侵检测系统对计算机网络的安全维护

1. 采用分布式入侵检测系统

随着网络技术的迅猛演进，网络架构与规模经历了显著变革，这对入侵检测技术的有效性提出了更高要求，特别是在应对协同攻击和分布式威胁时。当前网络环境呈现出攻击数据来源分散化的特点，要求入侵检测机制不仅能迅速识别这些数据源，还要深度解析并精确定位攻击信息。

传统的基于单一主机的入侵检测系统，虽然具备一定的独立分析能力，但由于受限于主机性能和系统架构，往往难以有效地抵御协同式或分布式攻击。相比之下，分布式入侵检测系统展现出了更强的适应性和效能。此类系统由多个组件构成，包括管理器、分析器和数据采集器，它们遵循统一的协同原则，共同执行入侵检测任务。

在操作流程上，分布式入侵检测系统首先从网络的不同区域收集潜在的入侵迹象，随后对这些数据进行关联分析，以确定真正的攻击源，并据此采取相应的防御措施。

2. 利用机器学习人工智能技术处理加密流量

在传统框架中，入侵检测系统及流量分类技术往往依赖于深入分析网络数据包，包括访问用户敏感信息和提取多层次的特征，这在一定程度上侵犯了个人隐私。然而，近年来网络基础设施建设水平的显著提升，如带宽的增加和应用层协议的复杂化，加之加密标准的日益成熟，已促使用户对隐私保护的需求空前高涨。在这一背景下，如果 IDS 技术未能同步进化，其对加密流量的分析能力将大打折扣，进而影响到网络威胁的有效识别。

尽管流量加密是保护用户隐私的有效手段，但这也为网络犯罪者开辟了新的攻击途径。犯罪分子可以将 HTTPS 等加密协议作为掩护，使其恶意活动在数据传输过程中躲避常规的网络监控和入侵检测系统扫描。例如，诸多恶意软件利用 HTTPS 通道进行隐蔽传播，一些知名的勒索软件家族更是以此方式扩散，严重威胁着网络安全。

鉴于此，开发能够有效检测加密恶意流量的技术变得尤为紧迫。新一代的入侵检测系统必须能够在尊重用户隐私的同时，穿透加密屏障，精准识别出潜在的网络威胁。这不仅要求技术层面的革新，还涉及政策法规的调整，以平衡安全监测与隐私保护之间的关系，确保网络空间的健康与安全。

3. 利用数据挖掘技术提升入侵检测能力

随着网络宽带速度的大幅提升和大数据存储技术在众多领域的广泛应用，我们面临着日益复杂的网络环境和庞大的网络流量数据。为了应对这些挑战，提高入侵检测技术的检测能力变得至关重要。许多学者已经开展了大量研究，指出数据挖掘技术在提升入侵检测系统数据处理效果方面具有显著作用。

具体来说，入侵检测系统需要利用大数据技术对海量、不确定、不精细的历史数据进行全面分析，并从中提取关键的行为特征，进一步完善流量规则库。这种方法不仅可以提高检测系统的准确性和效率，还能增强其对未知威胁的识别能力。

在当前社会，计算机网络安全的重要性不言而喻。面对庞大的网络信息数据，加强入侵检测技术是保障网络安全的关键。通过不断的研发和应用，不仅可以提升工作人员的业务素质，还能提高入侵检测技术的智能化水平。这为构建更高安全级别的计算机网络系统提供了坚实基础，有助于推动我国计算机网络行业的快速、稳定和健康发展。

二、双层入侵检测系统设计

（一）设计思想

本设计结合 NDIS（Network Driver Interface Specification）中间层驱动技术与 WIN-SOCK SPI（Service Provider Interface）技术，旨在构建一个高效且全面的网络监控与防护平台。具体策略如下：

NDIS 中间层驱动程序：执行第一级检测，聚焦于传输层及以下的协议分析，包括但不限于 IP 地址、端口检测，以及在网络条件恶劣时的断网操作，特别注意 WINSOCK

SPI 无法处理的 ICMP 数据包检测。

WINSOCK SPI：负责第二级检测，专注于应用程序和 Web 网址的深度分析，确保通过第一级过滤的数据包进一步符合安全标准。

（二）工作原理

本系统采用基于规则与特征的入侵检测模型，对每个数据包进行实时分析，依据预设的攻击行为特征库进行比对。若数据包触发任何已知攻击特征，系统会立即拦截并丢弃该数据包，同时向管理员发出警报；若未触发任何特征，数据包则正常传递至目的地。

（三）系统结构

核心层包捕获模块（KERIDS. SYS）：作为操作系统内核的一部分，使用 DDK（Driver Development Kit）开发，负责对网络数据包进行初步筛选和模式匹配，同时记录相关日志。

应用层包捕获模块（APPIDS. DLL）：位于用户空间的应用层，利用 VC6.0 开发，通过 SPI 拦截基于 WINSOCK 的网络通信，执行第二级深度检测，并记录操作日志。

用户界面模块（IDS. EXE）：提供图形化用户界面，允许用户配置检测规则，查看系统日志，以及管理系统的其他功能。

整个系统架构确保了从低层到高层的多层次防护，既能快速响应网络威胁，又能提供细致入微的安全控制。网络应用程序的所有数据流都必须经过这两个层次的处理，确保了网络环境的安全性和稳定性。

三、高校校园网双层入侵检测系统的应用

入侵检测系统常被视为防火墙之后的第二道安全防线，它在防火墙之后部署，对网络活动进行实时监控，是防火墙功能的延续和重要补充。在校园网络环境中，IDS 的部署至关重要，它能够从网络系统中的关键节点收集信息，分析这些信息，以识别违反安全策略的行为和潜在的攻击迹象。

通过 IDS 的日志记录，可以部分分析用户的上网行为，为处理校园网内部攻击、外部攻击和误操作提供方法，实现对校园网信息的实时保护。校园网络通常被划分为多个子网，每个子网通过上联交换机连接，最终汇总到网络中心，连接到高性能服务器群。这些服务器群位于防火墙的 DMZ 区，以确保内外网的安全访问。

为了提高安全性，入侵检测探测器可以放置在校园网关键子网的上联交换机和核心交换机上。这样，IDS 可以监控和保护校园网络系统中的重要区域和服务器群，有效防御外部威胁，提高校园网络的抗攻击能力，同时控制网络资源的滥用，阻止用户使用即时通信软件、P2P 下载在线游戏和在线视频等可能影响网络正常运行的活动。

通过净化网络流量，IDS 有助于网络加速，实现对校园内部网络攻击和误操作的实时保护，并在网络系统受到危害之前拦截和响应入侵，实现入侵检测的功能。尽管防火墙技术在一定程度上改善了校园网络安全问题，但随着网络安全形势的不断变化，

新的安全问题也在不断出现。

为了应对这些挑战，校园网可以采用双层入侵检测系统，以增强和补充网络安全。随着入侵检测技术的发展，可以融合数据挖掘、专家系统和神经网络等先进技术，建立先进的入侵探测算法的数学模型。通过这些技术，可以将无序的数据转化为有序的数据，将人工控制的网络安全软件转变为计算机自我学习，适应地方高校校园网的高速和高性能需求，更有效地解决校园网络的安全问题。

第四节　校园教学管理信息化的延伸与发展

一、新媒体的界定及特点

（一）新媒体的界定

新媒体，作为继传统媒体如报纸、广播和电视之后的新兴媒介形式，依托于数字技术、网络技术和移动通信技术的迅猛发展，正逐步重塑着信息传播的版图。它利用包括互联网、无线通信网络以及有线网络在内的多元渠道，将信息和娱乐内容输送至各式数字化终端设备，如个人计算机、智能手机和平板电视等，从而实现了前所未有的传播广度与深度。

（二）新媒体传播的特点

新媒体传播展现了一种集大成的多媒体全景展示模式，借助互联网这一平台，综合运用文字、图像、音频及视频等多种表现手法，为受众营造出身临其境的沉浸式体验，全面复刻事件的真实面貌。与此同时，它迈入了精准的分众化传播阶段，依据不同受众群体的特定需求，量身打造传播策略与方式，实现了从大众传播到个性化、一对一传播的转变，让每个人都能接收到符合自身兴趣与偏好的定制化内容。

新媒体的影响力犹如无形之水，渗透生活的每一个角落，打破了时间和空间的束缚，使受众无论身处何地，只要持有手机、平板或是连接网络的电视等智能终端，便能随时随地接入信息海洋，既可主动搜寻所需资讯，也能被动接收推送内容，极大地提升了信息获取的便捷性与实时性。此外，其高科技属性不容忽视，无论是互联网的高速传输，还是移动终端与数字电视的普及，每一次技术革新都为新媒体的发展注入了强劲动力，同时也要求受众掌握相应的技能，以便更好地驾驭这些现代通信工具。

最值得一提的是，新媒体传播的高交互性特征，它不仅缩短了信息反馈的周期，实现了即刻响应，还赋予了受众表达自我观点的舞台，促进了观点的多元碰撞与交融，构建了一个开放包容、充满活力的交流生态。新媒体凭借其丰富的表现形式、精准的定位策略、无界的空间覆盖、先进的技术支持以及高度的互动体验，正以前所未有的姿态，引领着信息时代的潮流，塑造着全新的传播格局。

二、高校新媒体教学环境构建与管理

(一) 多媒体教室构建的原则

在构建多媒体教室系统时，遵循一套全面而严谨的设计理念至关重要，以确保最终成果能够充分满足教育环境的需求。首先，实用性被视为核心考量，系统界面应当直观易懂，操作流程顺畅，确保教师与学生能够迅速掌握使用技巧，从而最大化设备效能，提升教学质量和效率。

其次，可靠性是系统稳定运行的基石，设计时必须优先考虑人机交互的安全性与设备的长周期运行稳定性，旨在为用户提供持续的安全保障和优质的服务体验，同时减少维护成本，避免不必要的资金与人力浪费。

兼容性同样是不可忽视的一环，系统应具备与市场上主流硬件设备的无缝对接能力，不论什么品牌和型号，均能实现高效协同工作，为用户提供灵活多样的选择，增强系统的适应性和生命力。

先进性则指向技术前沿，设备选配须紧跟科技发展趋势，尤其是控制系统软件，应集成最新技术，确保系统在功能与性能上保持领先，为教学活动注入创新活力。

扩展性体现在系统架构的前瞻性布局，多媒体教室应轻松接入互联网，实现资源的共享与整合，打破物理空间限制，让教室内外的知识交流畅通无阻，教育具备全球化视野。

安全性针对多媒体教室的多功能使用场景，设计时须兼顾防盗、防火等措施，尤其在非教学时段，确保设备与人员安全，营造安心的学习环境。

便捷性旨在简化操作流程，引入一键式或远程控制机制，自动执行设备开关，减轻教师负担，使日常教学活动更加顺畅无阻。

最后，经济性是项目实施的现实考量，系统设计与设备采购需平衡性能与成本，剔除不切实际的功能，专注于教育本质，确保每一笔投入都能转化为教学价值，实现性价比最优解。

(二) 多媒体教室的构建

多媒体教室应根据构建原则科学、合理地选择设备。设计多媒体操作台，根据学科需要及拟建多媒体教室的位置、形状、大小、座位数量，相对集中地构建多媒体教室。根据管理方式，可分为单机型和网络管理型多媒体教室。

1. 单机型多媒体教室的构建

在多媒体教室的设备配置中，单机型解决方案适用于教学空间较为分散或教学需求相对基础的场合，通过精选的核心组件确保教学活动的顺利进行，同时兼顾了设备维护的便利性与成本效益。

电子书写屏的引入，革新了传统的教学模式，不仅消除了粉尘污染，保护了精密设备免受损害，还为教师提供了健康舒适的教学环境。这一设备集成了屏幕操作与显示功能，支持多样化的书写工具，如模拟真实的笔触效果，具备自动排版、文书修订、即时注释与后期编辑等功能，极大地丰富了教学互动方式。

中央控制器作为系统的心脏，其手动调节延时特性确保了投影机等关键设备的妥善启动与关闭，有效延长了设备寿命，避免了因电流突变引起的潜在损害。通过精确的时间控制，实现了设备的有序运作，增强了系统的稳定性和耐用性。

投影机的选择需基于教室的具体尺寸与光照条件，高亮度与高对比度的投影机虽价格不菲，但其带来的清晰影像与色彩还原度对于提升教学体验至关重要。优选品牌投影机，尤其是搭载冷光源灯泡的型号，不仅能确保配件的易购性，还能大幅延长灯泡的使用寿命，降低了后期维护成本。

扩音系统的设计需紧密贴合教室的物理布局与声学特性，无线话筒的灵活性赋予了教师更大的移动自由，促进了课堂的互动性。无论是壁挂式还是组合式的扩音设备，都应具备线路输入接口，以兼容多种音源输入。虽然移频增音器在一定程度上解放了教师对固定位置的依赖，但其对音质的牺牲提示我们在追求便利的同时，不应忽视声音的真实还原，以确保教学信息的准确传达。

总之，单机型多媒体教室通过精心挑选的设备组合，实现了教学功能的优化与教学环境的改善，兼顾了教育技术的先进性与实际应用的可行性，为师生创造了更为高效、健康、互动的教学空间。

2. 网络管理型多媒体教室的构建

网络管理型多媒体教室特别适用于教室集中分布的环境，这种配置方案通过集成先进的网络中央控制系统，不仅实现了设备的远程管理和监控，还增强了多媒体教学的灵活性和效率。相较于单机型配置，网络管理型教室具备更高级别的智能化和网络化特性，具体体现在以下几个方面：

（1）中控系统：是网络管理型多媒体教室的核心，具备高度集成和丰富的接口，能通过 TCP/IP 协议接入校园网络，实现跨房间甚至跨楼宇的远程集中控制。系统支持网络、软件界面及手动面板等多种控制方式，内置的延时功能确保设备安全，避免了突然的电源变化可能带来的损害。

（2）操作台：设计遵循人性化原则，确保所有必需的设备接口易于访问，同时考虑到安全性，采用与中控系统联动的智能门锁，既可以通过网络远程开启，也可以本地操作。一键式操作功能简化了设备的开关流程，提升了使用便捷性。

（3）监控点播系统：是网络管理型教室的重要组成部分，它允许管理人员远程监控教学活动，通过专用软件实现实时录制教师的计算机屏幕和上课现场的音视频。此系统还具备即时点播和转播功能，便于教学资源的共享和后期分析。

（4）对讲系统：为了提高响应速度和沟通效率，对讲系统被广泛应用于网络管理型多媒体教室中。从双工到半双工，再到基于电话或网络 IP 电话的对讲方案，多样的通信方式确保了即时的信息传递，使管理人员能够迅速响应各类需求和问题。

（三）多媒体教室的管理

高校教学基本建设不断发展，多媒体教室不断增加，只有不断完善多媒体教室的管理才能保证多媒体教学的正常进行。

1. 管理制度建设

教育技术与课程整合不断深入，教师使用多媒体教室的需求不断增多，教师的教育技术水平参差不齐。因此制定相应管理制度规范多媒体教学日显重要。

主要考虑以下几点：①多媒体教室设备使用提前预约，统一安排；②教师按操作规程操作平台，不得私自搬动设备和接线，无关人员不得操作多媒体设备；③不得在计算机内设 CMOS 密码和开机密码、修改和删除原有 CMOS 参数和应用软件；④课间休息应关闭投影机电源，以便提高投影机使用效率；⑤课后教师应按操作规程退出系统；⑥课后教师应填写使用登记表。

2. 管理系统建设

多媒体教室的现代化转型要求管理系统向数字化和自动化方向发展，这包括两个主要部分：教学管理系统和网络控制管理系统。教学管理系统的革新旨在减少人工干预，通过智能化预约平台实现多媒体教室的在线预订，提升管理效率。开发定制化的多媒体教学管理系统，能够适应学校的特定需求，让教务人员和教师能够轻松安排和调整课程表，确保教室资源得到最优化利用。

网络控制管理系统则聚焦于设备的远程操控和维护，通过主控室即可实现对多媒体教室内部设备的精准控制，包括但不限于投影仪、音响系统、计算机以及网络设施。这一系统还具备实时通信功能，允许管理人员与授课教师即时交流，确保教学活动顺畅无阻。在选择多媒体教学系统时，应综合考虑教学需求、成本效益和技术兼容性，确保所选方案能够满足当前及未来的发展要求。

多媒体教室网络控制管理系统的部署，对于应对教室数量增长带来的管理挑战尤为关键。它简化了日常运维工作，降低了对人力的需求，同时也加速了问题反馈与解决的流程，使得多媒体教室的运营更加便捷、直接且高效。总之，通过信息化手段升级多媒体教室的管理，不仅能够克服规模扩张带来的复杂性，还能进一步提升教学质量和师生体验。

3. 管理人员建设

以人为本，明确人才队伍建设在多媒体教室管理中的作用与地位至关重要。在加强多媒体教室硬件设施的同时，我们必须重视管理技术队伍的建设。这支技术队伍是多媒体教室建设的核心力量，对于确保多媒体教学的顺利进行以及教育技术与课程的有效整合发挥着关键作用。

鉴于高校各学科教师对多媒体技术的掌握程度存在差异，管理人员的职责不仅限于建设和管理多媒体教室，还应根据教师的需求提供多媒体技术培训，以更好地服务教师和教学工作。在人员建设上，我们应逐步引入具有高学历和高技能的人才，以改善管理技术队伍的知识结构。同时，为现有技术人员制订培训计划，鼓励他们定期到国内顶尖学府进行深造，重视新技术的学习和应用，提升他们的业务水平和实践技能，以适应技术发展和多媒体教学的需求。

此外，我们应充分发挥管理技术队伍的作用，合理利用人才资源，积极创造有利条件，激发管理人员的工作热情。加强考核机制，建立完善的人员考核制度，提升整个队伍的综合素质，培养一支业务精湛、具有奉献精神和团结协作精神的管理技术队伍，为学校的教学和科研工作做出积极贡献。只有不断优化队伍结构、提升人员素质、建设高水平的管理技术队伍，我们才能充分利用现代信息技术的优势。同时，通过多媒体教室的实际应用，积累经验，不断完善多媒体教室的建设，更好地服务于教学活动。

4. 管理方式建设

鉴于多媒体教室用户群体广泛、使用频次高且操作技能不一，采取分层次的管理模式对于优化资源分配至关重要。为此，可设计两种管理策略：自助式管理和服务式管理，以适应不同教室的配置与使用需求。

自助式管理针对的是教师自主操作的场景。在学期初，组织多媒体设备操作培训，针对不同教室的设备差异，分别教授多媒体教室的使用规则、操作流程及基本技术知识。完成培训并通过考核的教师将获得资格证书，初期阶段会有管理人员现场指导，评估教师的实际操作能力，并根据需要提供进阶培训。对熟练掌握操作的教师发放独立操作证书，他们可以自行开关设备，只需在上课前领取钥匙。同时，管理人员需强化课后的设备维护，定期检查并记录设备状态，迅速处理发现的问题，确保下堂课的正常使用。此模式适用于未配备集中管理系统的、较为分散的多媒体教室，有助于缓解人力资源压力，但需相关部门协同配合。

服务式管理则适用于已安装网络监控系统的多媒体教室。教师无须操心设备开关，一切由网络管理系统自动完成——在上课前5至10分钟，系统会自动启动所有必要设备（如投影机、计算机等）。教师到达教室后，设备已就绪，可以直接开始教学。管理人员通过监控系统持续监督设备使用，课后检查设备状态并安全关闭。无论是服务式还是自助式管理，都需强化设备监管，定期巡检，翔实记录使用情况，监控投影机灯泡寿命，定期恢复计算机系统至初始状态。这种模式极大地便利了教师，提升了使用效率，体现了以教学为中心的服务理念。

多媒体教室的建设和管理是一个复杂的系统工程，其核心在于建立一套科学、先进的管理体系，规范操作流程，管理人员需在实践中不断探索，保持沟通，以教学需求为导向，完善管理机制，确保多媒体教学活动顺利开展，推动技术与课程内容的深度融合。

三、高校课外学分实施的实践

（一）高校课外学分的研究

1. 以观念更新为先导，进行课外学分实施与管理的研究

课外学分的实施与管理应以终身教育、素质教育、创新教育等先进教育理念为指导。在现代科学技术迅猛发展和知识更新周期不断缩短的背景下，市场经济带来的职业变动日益频繁，高等教育需要从传统的一次性教育观念转变为终身教育观念。这种转变要求我们建立一种融合知识传授、能力培养和素质提升的素质教育观念。

在提升学生的科学素质和业务素质的同时，高等教育还应注重培养学生的文化素质和身心素质。课外学分的实施应全面提高学生的基本素质，尊重学生的主体性和主

动性，以巩固学生的基础知识、理论和技能为基础。此外，教育应深入挖掘更深层次的内容，培养学生运用知识发现问题、分析问题和解决问题的能力，同时开发学生的潜能，激发他们的想象力和创新意识。

通过这样的课外学分管理和实施，可以更好地适应社会对人才的多样化需求，促进学生的全面发展，为学生的终身学习和职业发展打下坚实的基础。

2. 以三大关系的分析为核心，探讨课外学分实施办法的制定

对于大学教育而言，课堂内外的教学活动共同构成了学生全面发展的双翼。课堂教学作为知识传授与能力培养的主阵地，承载着系统性、专业化的学术训练。与此同时，课外活动作为课堂教育的补充与深化，提供了实践、创新与个性化成长的平台。课外学分制度的设计应紧密依托课堂教学的核心地位，确保理论与实践的深度融合，避免脱离学术根基的孤立发展。过度聚焦课外活动，虽能激发学生的兴趣与热情，却可能忽视了课程学习的深度与广度，导致知识体系的碎片化。因此，课内与课外应当相辅相成，共同编织学生完整的学习经历。

在课外学分的量化与质控之间寻求平衡，是教育管理者面临的一项挑战。数量上的要求易于设定，便于衡量参与度，但唯有质量的高标准方能确保课外活动的价值与意义。质量标准的坚守能够引领课外学分的正向引导力，激励学生追求卓越，投身有意义的学习与创作。精心策划课外项目，既能满足数量上的普遍参与，又能确保每个活动的质量，实现质与量的和谐共生。

在个体成长与团队协作的辩证关系中，课外学分制度扮演着关键角色。尽管教育计划强调了课程体系的统一性与培养目标的一致性，但这并不妨碍学生个性的张扬与潜能的挖掘。课外学分的设立旨在为学生开辟个性化发展的路径，鼓励他们展现独特的才能与兴趣。然而，这并不意味着团队精神与集体意识的淡化。相反，通过团队项目与合作学习，课外活动能够培养学生的协作能力与社会责任感，使他们在追求个人梦想的同时，学会倾听、尊重与贡献，从而在集体中实现自我价值。

3. 以分类、分级、严格考核为原则，研究课外学分实施与管理体系的构建

课外学分的实施与管理应遵循几个基本原则，以确保其有效性和公正性。

首先，分类管理的原则要求高校根据不同类别的课外学分，由相应的管理部门进行认定。例如，科技创新活动和学术科研通常由学生所在学院负责，专利技术由科研处认定，学科和科技竞赛由承办部门管理，体育竞赛和水平测试由课程归属部门负责，校园文化活动及社会工作由学生工作部门管理，美育活动由艺术与设计学院负责，而教务管理部门则负责课外学分的汇总与审核。

其次，分级设置的原则强调课外学分的内涵和难易程度在不同类别间存在显著差异，即便是同类别的课外学分也可能有不同的层面和难度。因此，课外学分的设置和管理需要采用分级分层的方法，以适应不同学生的需求和能力。

最后，严格考核的原则是确保课外学分价值和公平性的关键。在课外学分的设置过程中，必须执行严格的申报、论证和审批流程，防止课外学分的滥用和泛化。在考核过程中，也必须严格控制质量，确保学生所获得的学分真实反映了他们的努力和成就。

通过这些原则的实施，高校可以更有效地管理和运用课外学分，促进学生的全面发展，同时确保教育质量和教育公平。

（二）高校课外学分研究的实践特色与发展前景

高校以全面素质教育的观念，坚持以人为本，求是创新，强化特色，协调发展的办学思路，以人才培养为根本，以教育质量为生命，按照"厚基础、宽口径、强能力、高素质、善创新"的要求，构建高校课外学分实施与管理体系。

1. 实践特色

革新教育理念，首要之举在于确立学生在学习过程中的核心地位，倡导一种以学生发展为导向的教育观。这意味着赋予学生更多的学习主动权，将他们的积极性与创造性视为课外学分评定的关键考量因素，从而对传统的以教师和课堂为中心的教学模式形成有力的冲击与更新。这一转变不仅体现在理念上，更需在实践中落实，鼓励学生跳出常规框架，探索个人兴趣与潜能，让学习成为一场自我驱动的旅程。

其次，为了促进学生个性化成长，学校应大力开放其教育资源，构建一个包容多元兴趣与爱好的学习环境。这意味着图书馆、实验室、工作室等设施不再局限于课程需求，而是向所有学生敞开大门，鼓励他们依据个人兴趣自由探索，开展独立研究或参与创新项目，真正实现教育的个性化与自主化。

再次，课外学分制度的优化需着眼于体系的构建与完善。通过分类细化、等级区分及严格考核机制的引入，课外学分的实施与管理将更加有序、高效。每一项课外活动都应明确其价值定位与考核标准，确保每一分学分的获得都是对学生能力和努力的真实反映，进而推动整个体系向着更加系统化、科学化的方向演进。

最后，结合学校的特色与本科教育的战略布局，制定一套行之有效的《高校课外学分实施办法（试行）》。这份指导性文件将明确课外学分的实施范围、评定标准与管理流程，旨在培养出兼具社会责任感与时代担当精神的优秀毕业生，使他们不仅具备扎实的专业知识，更拥有广阔的视野与创新思维，以更好地回应社会需求与未来挑战。

2. 发展前景

课外学分的实施与管理是一项充满探索性、实践性与动态发展的任务，要求我们依据不断变化的现实情况，持续地调整与优化策略。首先，分类指导原则是课外学分体系的核心，它关乎如何科学合理地界定不同类型的课外活动，确保每一种活动都能准确反映其教育价值，同时具备实际操作性。这需要深入研究分类标准，使其既能体现教育的全面性，又能满足学生个性发展的需求。

其次，遵循"实践—认识—再实践—再认识"的循环规律，课外学分的研究与实践应当相辅相成。在借鉴其他高校的成功经验的基础上提炼出的课外学分实施办法，是理论与实践初步结合的产物。下一阶段的重点应放在将这些理论成果应用于具体实践中，通过亲身体验来检验并完善其科学性和可行性，确保课外学分制度能够切实达到提升学生综合能力的目的。

再次，课外学分实施办法不应是一成不变的，而应建立定期修订机制。随着教育环境的变化和素质教育改革的深化，课外学分管理制度需适时吸收新成果，不断充实和更新其内容，以适应人才培养的新要求。这包括定期审查现有规定，及时进行必要的修改与补充，确保制度的持续进步与完善。

复次，课外学分管理应弘扬实事求是的精神，营造一个鼓励探索、追求真理的氛围，成为激发青年学子科研热情和创新意识的温床。通过引入更多创新机制，提升课外活动的层次与质量，扩大其影响力，使大学生在参与过程中实现个人成长与专业技能的双重提升。

最后，理论研究的深化对于课外学分制度的长远发展至关重要。只有充分认识到课外学分在大学教育体系中的关键作用，不断完善相关配套政策，才能促使高素质人才培养模式改革向体系化、科学化迈进。这不仅涉及制度层面的构建，还需要创造一种有利于学生全面发展与素质提升的生态环境，为新一代大学生的成长提供坚实的支持与广阔的空间。

参考文献

[1] 翟运开，李金林. 大数据技术与管理决策［M］. 北京：机械工业出版社，2022.

[2] 程显毅，任越美. 大数据技术导论［M］. 2 版. 北京：机械工业出版社，2022.

[3] 何明，何红悦，罗玲，等. 大数据导论：大数据思维技术与应用［M］. 2 版. 北京：电子工业出版社，2022.

[4] 郝福锦. 大数据技术在高校教育管理中的应用研究［M］. 北京：中国原子能出版社，2022.

[5] 李建敦. 大数据技术与应用导论［M］. 北京：机械工业出版社，2021.

[6] 戴亚平，马俊杰，王笑涵. 多传感器数据智能融合理论与应用［M］. 北京：机械工业出版社，2021.

[7] 吕太之，张娟，乔大雷. 移动机器人自主导航关键技术及应用［M］. 长春：吉林大学出版社，2021.

[8] 刘秋生. ERP 系统原理与应用［M］. 南京：东南大学出版社，2021.

[9] 孙玲. 大数据时代职业院校会计人才培养模式的改革与创新［M］. 北京：中国纺织出版社，2021.

[10] 杨璠，张承德. 人工智能与数据处理基础［M］. 北京：清华大学出版社，2021.

[11] 黄源，董明，刘江苏. 大数据技术与应用［M］. 北京：机械工业出版社，2020.

[12] 张鹏涛，周瑜，李珊珊. 大数据技术应用研究［M］. 成都：电子科技大学出版社，2020.

[13] 仇丹丹. 云技术及大数据在高校生活中的应用［M］. 天津：天津科学技术出版社，2020.

[14] 李伊. 数据可视化［M］. 北京：首都经济贸易大学出版社，2020.

[15] 赵玺. 大数据技术基础［M］. 北京：机械工业出版社，2020.

[16] 柯清超，马秀芳. 现代教育技术应用［M］. 2 版. 北京：高等教育出版社，2020.

[17] 黄薇，吴奕，彭玉华. 数据结构与应用算法教程［M］. 武汉：华中科技大学出版社，2020.

[18] 胡水星. 现代教育技术［M］. 北京：电子工业出版社，2020.

[19] 刘培胜，常东超. 数据科学与智能技术概论［M］. 北京：化学工业出版社，2020.

[20] 黄玉兰. 物联网技术导论与应用［M］. 北京：人民邮电出版社，2020.

[21] 刘艳菊. 计算机基础及数据应用［M］. 2 版. 北京：电子工业出版社，2020.

[22] 何兴无，蒋生文. 大数据技术在现代教育系统中的应用研究［M］. 长春：东北师范大学出版社，2019.

[23] 任友理. 大数据技术与应用［M］. 西安：西北工业大学出版社，2019.

[24] 江春. 云技术及大数据在高校中的应用［M］. 北京：北京工业大学出版社，2019.

[25] 赵志升. 大数据挖掘［M］. 北京：清华大学出版社，2019.

[26] 陈红松，郑洪宾. 大数据技术综合应用实践［M］. 北京：北京师范大学出版社，2019.

［27］吕林涛，冯博琴．大数据技术及其应用［M］．北京：科学出版社，2019.

［28］李娜．大数据时代高等教育规范化管理研究［M］．北京：中国纺织出版社，2019.

［29］程显毅．大数据技术导论．［M］．北京：机械工业出版社，2019.

［30］张坤颖，李晓岩．大数据环境下的人工智能教育应用［M］．北京：学苑出版社，2019.